教育部高等学校管理科学与工程类学科专业教学指导委员会推荐教材

物流技术与装备

主　编　程　光
副主编　尹　静

机械工业出版社

本书共九章，包括绪论、包装技术与装备、装卸搬运机械、集装单元化设备、物流运输技术与装备、仓储技术与装备、配送技术与装备、物流信息技术与电子设备、物联网技术与应用，这些章节涵盖了物流产业所涉及的装备及技术。

本书是为高等院校管理科学与工程类、物流管理与工程类、工业工程类等相关专业编写的教材，同时也可作为物流从业人员的参考资料和培训用书。

图书在版编目（CIP）数据

物流技术与装备/程光主编. —北京：机械工业出版社，2018.1
教育部高等学校管理科学与工程类学科专业教学指导委员会推荐教材
ISBN 978-7-111-58611-1

Ⅰ.①物… Ⅱ.①程… Ⅲ.①物流技术-高等学校-教材②物流-机械设备-高等学校-教材 Ⅳ.①F252

中国版本图书馆 CIP 数据核字（2017）第 296277 号

机械工业出版社（北京市百万庄大街22号　邮政编码100037）
总　策　划：邓海平　张敬柱
策划编辑：易　敏　　　　责任编辑：易　敏　付鑫宇
责任校对：张　力　郑　婕　封面设计：张　静
责任印制：张　博
三河市宏达印刷有限公司印刷
2018年1月第1版第1次印刷
184mm×260mm·10.5 印张·234 千字
标准书号：ISBN 978-7-111-58611-1
定价：30.00元

凡购本书，如有缺页、倒页、脱页，由本社发行部调换

电话服务　　　　　　　　　　网络服务
服务咨询热线：010-88379833　　机工官网：www.cmpbook.com
读者购书热线：010-88379649　　机工官博：weibo.com/cmp1952
　　　　　　　　　　　　　　　教育服务网：www.cmpedu.com
封面无防伪标均为盗版　　　金　书　网：www.golden-book.com

教育部高等学校管理科学与工程类学科专业
教学指导委员会推荐教材

编 审 委 员 会

主　　任：齐二石

委　　员（按拼音排序）：

陈友玲　程　光　池仁勇　戴庆辉　邓修权　丁荣贵　杜　纲　方庆琯
冯海旗　甘卫华　高举红　顾　问　郭　伏　韩同银　何　桢　洪　军
侯云先　胡奇英　贾铁军　蒋祖华　雷家骕　雷　明　李　华　刘炳辉
刘正刚　鲁建厦　吕建军　罗　党　马寿峰　马义中　马志强　梅　强
宁　凌　戚安邦　綦振平　邱菀华　沈　江　宋明顺　宋　伟　宋宇辰
苏　秦　孙明波　唐楚生　田　军　王长峰　王　成　王福林　王建民
王金凤　王雷震　王　谦　王淑英　王　旭　吴爱华　吴凤祥　相里六续
向　阳　肖　明　许映秋　薛恒新　杨　铭　余晓流　张勤生　张　新
赵喜仓　郑永前　周宏明　周　泓　周　宁　周跃进　朱永明

秘 书 长：王　媛

副秘书长：邓海平　张敬柱

序

当前,我国已成为全球第二大经济体,且经济仍维持着较高的增速。如何在发展经济的同时,建设资源节约型、环境友好型的和谐社会,如何走从资源消耗型、劳动密集型的粗放型发展模式,转变为"科技进步,劳动者素质提高,管理创新"型的低成本、高效率、高质量、注重环保的精益发展模式,就成为摆在我们面前的亟待解决的课题。应用现代科学方法与科技成就来阐明和揭示管理活动的规律,以提高管理的效率为特征的管理科学与工程类学科,无疑是破解这个难题的重要手段和工具。因此,尽快培养一大批精于管理科学、精于工程理论和方法,并能将其灵活运用于实践的高层次人才,就显得尤为迫切。

为了提升人才育成质量,近年来教育部等相关部委出台了一系列指导意见,如《高等学校本科教学质量与教学改革工程的意见》等,以此来进一步深化高等学校的教学改革,提高人才培养的能力和水平,更好地满足经济社会发展对高素质创新型人才的需要。教育部高等学校管理科学与工程类学科专业教学指导委员会(以下简称教指委)也积极采取措施,组织专家编写出版了"工业工程""工程管理""信息管理与信息系统""管理科学与工程"等专业的系列教材,如由机械工业出版社出版的"21世纪工业工程专业规划教材"就是其中的成功典范。这些教材的出版,初步满足了高等学校管理科学与工程学科教学的需要。

但是,随着我国国民经济的高速发展和国际地位的不断提高,国家和社会对管理学科的发展提出了更高的要求,对相关人才的需求也越来越广泛。在此背景下,教指委在深入调研的基础上,决定全面、系统、高质量地建设一批适合高等学校本科教学要求和教学改革方向的管理科学与工程类学科系列教材,以推动管理科学与工程类学科教学和教材建设工作的健康、有序发展。为此,在"十一五"后期,教指委联合机械工业出版社采用招标的方式开展了面向全国的优秀教材遴选工作,先后共收到投标立项申请书300多份,经教指委组织专家严格评审、筛选,有60余部教材纳入了规划(其中,有20多种教材是国家级或省级精品课配套教材)。2010年1月9日,"全国高等学校管理科学与工程类学科系列规划教材启动会"在北京召开,来自全国50多所著名大学和普通院校的80多名专家学者参加了会议,并对该套教材的定位、特色、出版进度等进行了深入、细致的分析、研讨和规划。

　　本套教材在充分吸收先前教材成果的基础上，坚持全面、系统、高质量的建设原则，从完善学科体系的高度出发，进行了全方位的规划，既包括学科核心课、专业主干课教材，也涵盖了特色专业课教材，以及主干课程案例教材等。同时，为了保证整套教材的规范性、系统性、原创性和实用性，还从结构、内容等方面详细制定了本套教材的"编写指引"，如在内容组织上，要求工具、手段、方法明确，定量分析清楚，适当增加文献综述、趋势展望，以及实用性、可操作性强的案例等内容。此外，为了方便教学，每本教材都配有 CAI 课件，并采用双色印刷。

　　本套教材的编写单位既包括了北京大学、清华大学、西安交通大学、天津大学、南开大学、北京航空航天大学、南京大学、上海交通大学、复旦大学等国内的重点大学，也吸纳了安徽工业大学、内蒙古科技大学、中国计量大学、石家庄铁道大学等普通高校；既保证了本套教材的较高的学术水平，也兼顾了普适性和代表性。这套教材以管理科学与工程类各专业本科生及研究生为主要读者对象，也可供相关企业从业人员学习参考。

　　尽管我们不遗余力，以满足时代和读者的需要为最高出发点和最终落脚点，但可以肯定的是，本套教材仍会存在这样或那样的不尽如人意之处，诚恳地希望读者和同行专家提出宝贵的意见，给予批评指正。在此，我谨代表教指委、出版者和各位作者表示衷心的感谢！

前　言

物流技术与装备中所涉及的相关内容是支撑物流产业快速发展的重要环节，也体现着物流产业发展水平的高低。物流装备及技术随着科学技术的发展而快速发展，尤其是智能时代的到来，物流产业的装备及技术更是与时俱进、层出不穷、不断完善。

《物流技术与装备》一书是为高等院校管理科学与工程类、物流管理与工程类、工业工程类等相关专业编写的教材，也可作为培训用书供相关人士自学和参考。

本书采用问题导向的编排方法，首先提出问题，介绍引导性的案例后，展开知识点的介绍；每章有小结，最后有相关练习题，练习题既总结每章的教学内容，也为读者提供了更多的思考机会，练习题包括概念、简答和拓展思考，形式丰富；还提供"拓展阅读"和"小资料"，介绍相关的物流知识，让读者了解更多物流发展态势。

本书共九章，包括绪论、包装技术与装备、装卸搬运机械、集装单元化设备、物流运输技术与装备、仓储技术与装备、配送技术与装备、物流信息技术与电子设备、物联网技术与应用，这些章节涵盖了物流产业所涉及的装备和技术。

本书由程光任主编、尹静任副主编，陈楠、王晨、赵京鹤、田文杰参与了本书部分内容的编写。本书的出版得到了机械工业出版社、北京联合大学、北京建筑大学的大力支持与帮助；参考了大量相关书籍及其他资料，在此对这些文献作者一并表示感谢。

由于作者水平有限，本书难免有很多疏忽和问题及不尽如人意之处，敬请各位读者、专家批评指正。

作　者

目　录

序
前　言
第1章　绪论 ·· 1
　　问题的提出 ·· 1
　　本章导入 ··· 1
　　1.1　物流、物流技术、物流装备概述 ·· 1
　　1.2　现代物流装备的功能特性 ··· 4
　　1.3　物流技术与装备的发展现状和趋势 ··· 5
　　拓展阅读 ··· 9
　　本章小结 ··· 10
　　小资料 ·· 10
　　实训练习 ··· 12
第2章　包装技术与装备 ··· 13
　　问题的提出 ·· 13
　　本章导入 ··· 13
　　2.1　包装的概念和功能 ··· 13
　　2.2　物流包装机械设备 ··· 15
　　2.3　物流包装技术 ·· 20
　　拓展阅读 ··· 22
　　本章小结 ··· 24
　　小资料 ·· 24
　　实训练习 ··· 26
第3章　装卸搬运机械 ·· 27
　　问题的提出 ·· 27
　　本章导入 ··· 27
　　3.1　装卸搬运机械设备概述 ··· 27
　　3.2　装卸起重机械 ·· 29

3.3 连续输送机械 ………………………………………………………… 32
3.4 大宗散货装卸机械系统 ………………………………………………… 34
3.5 装卸搬运机械的配置与选择 …………………………………………… 37
拓展阅读 …………………………………………………………………… 38
本章小结 …………………………………………………………………… 39
小资料 ……………………………………………………………………… 39
实训练习 …………………………………………………………………… 41

第4章 集装单元化设备 …………………………………………………… 42
问题的提出 ………………………………………………………………… 42
本章导入 …………………………………………………………………… 42
4.1 集装单元化概述 ………………………………………………………… 42
4.2 集装箱 …………………………………………………………………… 45
4.3 集装箱的标记 …………………………………………………………… 50
4.4 托盘 ……………………………………………………………………… 54
4.5 其他集装方式 …………………………………………………………… 58
拓展阅读 …………………………………………………………………… 60
本章小结 …………………………………………………………………… 60
小资料 ……………………………………………………………………… 60
实训练习 …………………………………………………………………… 62

第5章 物流运输技术与装备 ……………………………………………… 63
问题的提出 ………………………………………………………………… 63
本章导入 …………………………………………………………………… 63
5.1 铁路运输技术与装备 …………………………………………………… 64
5.2 公路运输技术与装备 …………………………………………………… 72
5.3 航空运输技术与装备 …………………………………………………… 79
5.4 水路运输技术与装备 …………………………………………………… 84
拓展阅读 …………………………………………………………………… 92
本章小结 …………………………………………………………………… 92
小资料 ……………………………………………………………………… 92
实训练习 …………………………………………………………………… 93

第6章 仓储技术与装备 …………………………………………………… 94
问题的提出 ………………………………………………………………… 94
本章导入 …………………………………………………………………… 94
6.1 仓储的概念及功能 ……………………………………………………… 94

 6.2 仓储机械设备概述 …… 96
 6.3 叉车的运用与分类 …… 97
 6.4 货架的运用与管理 …… 99
 6.5 自动化立体仓库 …… 104
 拓展阅读 …… 108
 本章小结 …… 109
 小资料 …… 109
 实训练习 …… 111

第7章 配送技术与装备 …… 112
 问题的提出 …… 112
 本章导入 …… 112
 7.1 配送中心与配送中心机械设备概述 …… 112
 7.2 配送机械设备系统与配置 …… 115
 7.3 配送核心作业机械设备的配套运用与管理 …… 118
 7.4 自动分拣机 …… 118
 7.5 柔性配送中心 …… 121
 拓展阅读 …… 123
 本章小结 …… 123
 小资料 …… 123
 实训练习 …… 125

第8章 物流信息技术与电子设备 …… 126
 问题的提出 …… 126
 本章导入 …… 126
 8.1 物流信息与电子设备的概念、分类、特点 …… 127
 8.2 自动识别设备的应用 …… 128
 8.3 POS 机的运用 …… 132
 8.4 GPS 系统的运用 …… 134
 8.5 未来信息技术及应用 …… 137
 拓展阅读 …… 139
 本章小结 …… 140
 小资料 …… 140
 实训练习 …… 143

第9章 物联网技术与应用 …… 144
 问题的提出 …… 144

本章导入 …………………………………………………………………………… 144
9.1　物联网的相关概念 …………………………………………………………… 144
9.2　物联网涉及的关键技术 ……………………………………………………… 146
9.3　RFID 技术在物流中的应用 ………………………………………………… 149
拓展阅读 …………………………………………………………………………… 155
本章小结 …………………………………………………………………………… 155
小资料 ……………………………………………………………………………… 156
实训练习 …………………………………………………………………………… 157
参考文献 ………………………………………………………………………… 158

第 1 章 绪 论

📖 **问题的提出**

1. 物流技术的意义是什么？
2. 物流装备有哪些类别？
3. 我国物流技术与物流装备处于世界什么水平？

📋 **本章导入**

我国《物流业发展中长期规划（2014—2020年）》指出，到2020年，我国基本建立布局合理、技术先进、便捷高效、绿色环保、安全有序的现代物流服务体系。一是先进的物流技术装备得到推广应用：装卸搬运、分拣包装、加工配送等专用物流装备和智能标签、跟踪追溯、路径优化等技术迅速推广，物流信息平台建设快速推进，物联网、云计算等现代信息技术开始应用。二是物流基础设施建设全面发展，截至2015年年底，全国铁路营业里程10.3万km，其中高速铁路1.1万km；全国公路总里程达到435.6万km，其中高速公路10.45万km；内河航道通航里程12.59万km，其中三级及以上高等级航道1.02万km；全国港口拥有万吨级及以上泊位2 001个，其中沿海港口1 607个、内河港口394个；全国民用运输机场193个。2014年，全国营业性库房总面积约13亿m^2，各种类型的物流园754个。

1.1 物流、物流技术、物流装备概述

1.1.1 物流的含义

物流（logistics）是指利用现代信息技术和设备，将物品从供应地向接收地准确的、及时的、安全的、保质保量的、门到门的合理化服务模式和先进的服务流程。物流是随商品生产的出现而出现，随商品生产的发展而发展，所以物流是一种古老的传统的经济活动。

在我国国家标准《物流术语》的定义中指出：物流是物品从供应地到接收地的实体流动，根据实际需要，将运输、储存、装卸、搬运、包装、流通加工、配送、信息处理等基本功能实施有机的结合。现代物流是研究物品的时间位移和空间位移规律的科学。

1.1.2 物流技术的作用和意义

物流技术是指人们在物流活动中所使用的各种设施、设备、工具和其他各种物质手段,以及由科学知识和劳动经验发展而形成的各种技能、方法、工艺和作业程序等。

(1) 一个完善的物流系统离不开现代物流技术的应用。物流技术是推进科技进步,加快物流现代化的重要环节,也是提高物流效率的根本途径。许多新物流技术的研发,为现代物流的发展做出了积极的贡献。实践证明,先进的物流技术和先进的物流管理是提高物流能力、推动现代物流迅速发展的两个车轮,二者缺一不可。

(2) 物流技术及装备是反映一个物流系统水平的主要标志。物流技术与现实物流活动紧密相关,在整个物流过程中伴随着包装、运输、装卸、储存等功能作业环节以及其他辅助作业环节。这些作业的高效完成需要不同的物流技术及装备。因此,其水平的高低直接关系到物流活动各项功能的完善和有效实现,决定着物流系统的技术含量。物流技术及装备的应用和普及程度如何,直接影响着整体物流技术水平。

(3) 物流技术及装备是构筑物流系统的主要成本因素。现代物流技术及装备既是技术密集型的生产工具,也是资金密集型的社会财富。现代物流技术装备购置投资相当可观。同时,为了维持系统正常运转、发挥设备效能,还需要不断地投入大量的资金。物流技术与装备的费用对系统的投入产出分析有着重要的影响。

1.1.3 物流装备的地位与作用

物流设施与装备在物流系统中贯穿于物流全过程,是深入到各作业细节的复杂的技术支撑要素。设施与设备是物流的物质基础,也是物流运作效率的关键因素。物流的快速健康发展必须以设施设备的发展为前提,高速发展的物流技术与物流技术设备是现代化物流系统的特征之一。它对提高物流系统的能力与效率、降低物流成本和保证服务质量等方面都有着十分重要的影响。

(1) 物流设施与装备是物流系统的物质技术基础。物流设施与设备是进行物流活动的技术基础,是实现物流功能的技术保证,也是实现物流现代化、科学化、自动化的重要技术。

(2) 物流设施与装备是物流系统的重要资产。

(3) 物流设施与装备直接关系物流活动的各个环节。

(4) 物流设施与装备是物流技术水平的主要标志。

1.1.4 物流技术的类别

物流技术不是一种独立的新技术,它是多学科领域的技术在物流领域的综合利用。随着科学的综合化趋势的出现,技术体系自身也向综合化方向发展。各个领域的技术思想以综合形式获得创造性成果,正是当代技术发展的主要特点。物流技术的形成,正是这种趋势的具体表现。物流技术不是其他技术的简单相加或直接应用,而是技术综合应用的结果,因而具有新的性质。例如机械技术、动力技术和电子技术在物流活动中的综合利用,便产生了运输技术、装卸技术、自动化仓储系统技术、自动分拣技术、和包装技术等。所有现代物流技术都具有全新的实质和内容,如图 1-1 所示为现代物流技术的整体框架。

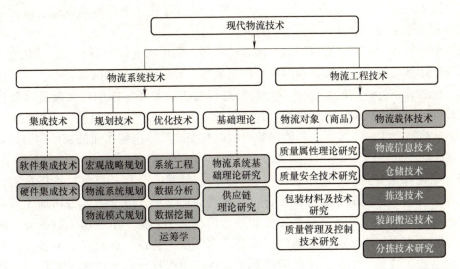

图 1-1　现代物流技术总体框架

(1) 按技术形态分类。物流技术分为硬技术和软技术两个方面。物流硬技术是指组织物资实物流动所涉及的各种机械设备、运输工具、站场设施及服务于物流的电子计算机、通信网络设备等方面的技术。例如各种运输车辆、各种装卸设备、搬运设备、各种仓库、车站、港口、货场等设施,各种包装设备、自动识别和分拣设备,以及服务于物流活动的电子计算机、通信设备等涉及的技术。物流软技术是指组成高效率的物流系统而使用的系统工程技术、价值工程技术、配送技术等。它是以提高物流系统整体效益为中心的技术方法。

(2) 按应用范围分类。物流技术可以分为运输技术、仓储技术、保管技术、装卸搬运技术、包装技术、集装技术、分拣技术、流通加工技术、计量技术,以及物流系统规划和管理技术。

(3) 按采用的技术分类。现代化的物流需要现代物流技术的支撑。现代物流技术是适应现代物流的需求而采用的技术,主要包括物流自动化技术、物流信息采集化技术、物流系统规划与优化技术、现代物流管理技术等。

1.1.5　物流装备的类别

物流活动由包装、装卸搬运、运输、储存、配送、流通加工等环节构成。物流活动的实现需要相应的劳动手段,而这种劳动手段就是物流装备。物流装备是指开展各项物流活动所需的各种设备、器具等可供长期使用,并在使用中基本保持原有实物形态的物质资料,但不包括建筑物、装卸站台等物流基础设施。物流装备种类繁多,涵盖面广,应用非常广泛,在国民经济各个工业部门、各行各业都有应用。物流装备按功能要求可以主要分成七大类:

(1) 运输装备——根据运输方式,运输装备(用于较长距离运输货物的装备)分为铁路、公路、水路、航空、管道运输装备等 5 种类型。

(2) 装卸搬运装备——装卸机械、搬运机械等(用来升降、搬移、装卸和短距离输送货物的机械装备。）它根据用途和结构特征分为起重机械、连续运输机械、装卸搬运车辆、专用装卸搬运机械；根据物品运动方式分为水平运动方式、垂直运动方式、倾斜运动方式、垂直及水平运动方式、多平面运动方式。

（3）仓储装备——用于物资储藏、保管的装备。常用的仓储装备有：自动化仓库、货架、托盘、计量装备、通风装备、温湿度控制装备、养护装备和消防装备等。

（4）包装装备——完成全部或部分包装过程的机械装备。按照包装装备功能标准分为：灌装机械、充填机械、包裹机械、封口机械、贴标机械、清洗机械、干燥机械、杀菌机械、捆扎机械、集装机械、多功能包装机械以及完成其他包装作业的辅助包装机械和包装生产线。

（5）流通加工装备——用于物品包装、分割、计量、分拣、组装、价格贴附、标签贴附、商品检验等作业的专业机械装备。它按流通加工形式可分为：剪切加工装备、冷冻加工装备、分选加工装备、分装加工装备、精制加工装备、组装加工装备等；按加工对象可分为：煤炭加工装备、金属加工装备、水泥加工装备、玻璃加工装备、木材加工装备、食品加工装备、组装产品的流通加工装备、生产延续的流通加工装备、通用加工装备等。

（6）信息采集与处理装备——用于物流信息的采集、传输、处理等的物流装备，包括：计算机及网络、通信装备、信息识别装置等。

（7）集装单元化装备——用集装单元化的形式进行储存运输作业的物流装备，主要包括：托盘、滑板、货捆、集装箱、集装网络、集装装卸设备、集装运输设备、集装识别系统等。

1.2 现代物流装备的功能特性

现代物流技术装备的特征，不仅体现在单机设备上，更重要的是体现在其系统的整体性能上。单机设备的主要特点是速度更快、准确度更高、稳定性更好，以及多样化与专业化程度、标准化与模块化等方面显著改善；而对于整个物流系统，则体现在其系统性、集成性以及信息化程度的提高。

（1）系统性和集成性。随着企业对现代物流理念的逐步深入体会，物流系统化的理念已深入人心。企业需要的是符合自己实际情况的合理化物流系统，而不是只关心单一物流产品的性能。因此物流技术装备的发展越来越注重其系统性和集成性。集成化物流系统是将各种信息化技术、自动化技术、机械化技术以及各种装备应用在各种大型物流设施中，形成一个更大的物流系统，如现代的物流中心、配送中心、分拨中心等。各种高新技术和产品集成在一起，有助于实现物流的自动化、合理化、智能化、快捷化、网络化、信息化和集成化。

（2）信息化。现代化的物流设施和装备已与信息技术紧密结合在一起，通过信息技术可实现对物流全过程的跟踪、识别、认证、控制和反馈。信息技术已从一维条码发展到二维码、IC卡、电子标签、无线标识、数字加密、数字水印等技术。越来越多的物流装备加装了计算机控制装置，实现了对物流装备的实时监控，大大提高了其动作效率。物流装备与信息技术的完美结合，是物流系统集成商追求的目标，也是其竞争力的表现。

（3）多样化与专业化。为满足不同行业、不同规模的客户对不同功能的要求，物流装备的形式越来越多，专业化程度日益提高。许多物流设备厂商都致力于开发生产多种多样的产品，以满足客户的多样化需求作为自己的发展方向，所提供的物流装备也由全行业通用型转向针对不同行业特点设计制造，由不分场合转向适应不同环境、不同工况要求，由一机多用转向专机专用。

（4）标准化与模块化。当前，经济全球化特征日渐明显，物流装备也需要走向全球化，而只有实现了标准化和模块化，才能与国际接轨。因此标准化和模块化成为物流装备发展的必然趋势。标准化既包括硬件设备的标准化，又包括软件接口的标准化。通过实现标准化，可以轻松地与其他企业生产的物流装备或控制系统对接，为客户提供多种选择和系统实施的便利性。模块化可以满足客户的多样化需求，可按不同的需要自由选择不同功能模块，灵活组合，增强系统的适应性。

1.3 物流技术与装备的发展现状和趋势

1.3.1 我国物流技术与设备

我国物流基础设施和装备已经初具规模，交通运输、仓储设施、信息通信、货物包装与搬运等物流基础设施和装备的发展为物流产业奠定了必要的物质基础。

在运输设备方面，已经形成了由铁路运输、公路运输、水路运输、航空运输和管道运输等多种运输方式组成的综合运输系统。

在仓储设备方面，早期的仓储管理和控制主要由人工完成，经过发展，机械化程度有了一定的提高，用货架、托盘和可移动式货架存储物料，用限位开关和机械监视器等控制设备运行。到20世纪后期，我国仓储设备水平得到了很好的提升。快速、高效、自动化的物流机械设备以及自动化仓库系统的应用，提高了仓储的自动化、智能化程度。

在包装与搬运设施方面，现代包装技术和货运搬运技术已广泛应用，一定程度上改善了货物运输的散乱状况和传统的手工搬运方式，带动了包装、搬运等机械设备制造业的发展。

在信息技术方面，EDI（电子数据交换）、ERP（企业资源计划系统）、GIS（地理信息系统）、GPS（全球卫星定位系统）等一些围绕物流信息交流、管理和控制的技术得到了广泛应用，在一定程度上提高了物流信息管理水平，促进了物流效率的提高。

1.3.2 国外物流技术与装备

美国的物流业发展比较早，物流设备发展也比较快。美国重视物流设备的开发、研制和应用，拥有比较完善的运输体系和先进的物流设备，大部分公司都设有专门机构从事技术的研究，致力于改善物流现代化设备，在货物运输、装卸、储存过程中，都广泛应用了先进的自动化物流设备，实现仓储自动化。

我们的近邻日本，从20世纪60年代开始，就已经高度重视物流基础设施的建设。日本政府根据不同时期的本国经济发展状况，结合自然地理位置，交通运输条件和货流量大小，在大中城市统一规划、统一布局，有步骤地开辟了物流业务区，建设了物流中心、仓库园地、集装箱货场、货车终端及专用码头等大型现代基础设施。

欧洲的工业强国德国也十分重视物流基础设施建设，培育和建设货运中心是德国加强现代物流业发展的一项重要举措。德国的货运中心是为了提高货物运输的经济型和合理性，以发展综合交通运输体系为主要目的，其建设遵循联邦政府统筹规划，州政府扶持建设、企业自主经营的发展模式。

目前，世界主要发达国家已经形成以信息技术为核心，以运输技术、配送技术、装卸搬运技术、自动化仓储技术、库存控制技术、包装技术等专业技术为支撑的现代化物流装备技术格局。

1.3.3 物流技术与设备的发展趋势

1. 信息集成化

现代物流是商流、信息流的统一，物流信息技术已渗透到物流各个作业环节之中，是现代物流区别于传统物流的根本标志，也是物流技术中发展最快的领域。总之，信息技术逐渐成为物流技术的核心，物流设备与信息技术紧密结合、实现高度自动化是必然趋势。

2. 设备标准化

标准化包括硬件设备的标准化和软件接口的标准化。标准化可以实现不同物流系统的对接，使客户对系统同时有多种选择。

3. 环保与节能

环保与可持续发展越来越成为当今社会的趋势之一，企业在选择物流设备时更关注环保与节能方面的问题。很多物流设备供应商已主动顺应这一社会趋势，将环保与节能化作为提高其产品和服务竞争力的手段。

4. 大型化

大型化主要是指设备的容量、规模、能力越来越大。高速化是指设备的运转速率、运行速度、识别速度、运算速度大大加快。

比如：履带起重机的最大额定起重量为3000t；浮式起重机的起重量可达3000t；带式输送机目前的最大输送能力已达37500t/h。

5. 自动化和智能化

将机电一体化技术应用于物流设备，实现物理作业的自动化和智能化是物流设备的发展趋势。目前，物流领域中广泛采用微电子技术、自动控制技术、人工智能技术。比如：多台电梯和自动化仓库中的多台堆垛起重机采取群控的方法，实现机械的自动化，大大提高了作业的效率。

6. 系统化

在物流机械设备单机实现自动化的基础上，计算机和网络通信技术把各种物流机械设备连接在一起通过中央控制系统统一协调指挥，形成一个配套且高效的物流机械系统。比如：带式输送机已经实现无人操作及远程控制，在中央控制室可以对系统中的主机、各种装置进行集中控制。

1.3.4 我国发展物流技术与设备的举措

（1）加大物流基础设施投入。由于长期以来我国物流基础设施建设投入太少，发展较慢，因此在政府的主导下加大对物流基础设施建设和投入势在必行。

（2）统一规范物流技术与设备的标准。我国目前仍然处于物流设备的起步阶段，还没有行业标准，造成各种物流技术与设备衔接配套较差。因此，物流技术与装备标准化的问题亟待解决。

（3）形成完善的物流技术与设备产业格局。我国目前的物流设备供应商数量众多，但规模较小，具备较强实力的物流设备供应商并不多。因此，有关部门应大力促进该领域的发展，形成完备的产业格局。

（4）转变观念。我国目前现代物流一体化观念还没有形成，物流企业只重视单一设备的质量与选型。因此，企业应转变观念，努力从全局角度考虑如何使整个系统达到最优化。

（5）重视安全因素。大部分物流企业在选择物流技术与装备时仍把价格因素作为首要因素，其实对安全指标的考虑也十分重要。

（6）对物流技术与设备的作用重新定位。许多企业在做物流系统规划设计时往往带有盲目性，对物流技术与设备的作用缺乏足够的认识，这就会造成设备在使用上的浪费。因此企业要加强对物流技术和设备的重视程度，更加科学地进行系统规划设计。

1.3.5 我国关于商贸物流发展的"十三五"规划

1. 发展基础

"十二五"期间，商贸物流业取得长足发展，主要指标达到或超过规划目标水平，为推动国民经济提质增效升级和平稳较快发展提供了有力支撑。

（1）物流需求持续扩大。2015年社会消费品零售总额达到30.1万亿元，"十二五"年均增长达13.9%；货物进出口总额达24.6万亿元，年均增长4%；物流运行效率提升。"十二五"期间，商贸企业物流费用率呈下降趋势，2014年我国批发零售企业物流费用率为7.7%，较2008年下降0.6个百分点。受益于共同配送等新模式发展，大型连锁企业物流成本持续降低，配送效率不断提升。

（2）物流服务水平快速提高。商贸物流网络加快向中小城市延伸，向农村乡镇下沉，向居民社区拓展，服务能力不断增强。仓储分拣、装卸搬运、包装加工、运输配送等专用设施设备被广泛采用，条码、智能标签、无线射频识别、可视化及跟踪追溯系统、全球定位系统、地理信息系统等先进技术加速应用，云计算、大数据、物联网、移动互联网等新一代信息技术日益推广。商贸物流服务更加高效便捷，"及时送"、"定时达"等个性化服务以及"门到门"等一站式服务更加普及。

（3）物流模式创新发展。商贸物流企业加快推动平台建设，形成了公共信息服务平台、资源整合交易平台、跨境电子商务平台等物流平台发展模式。

（4）国际化发展取得突破。"十二五"期间，交通运输、仓储和邮政业实际利用外资金额累计达195.3亿美元，年均增长13.3%。

（5）发展环境持续优化。"十二五"期间，国家高度重视商贸物流发展，出台了一系列扶持政策，相关规划和标准体系不断完善。地方政府积极落实土地、资金、税费、交通管理等政策，并出台相关配套措施。商贸物流诚信体系建设有序推进，市场秩序逐步规范。城市共同配送、商贸物流标准化、电子商务与物流快递协同发展等综合示范试点工作成效显著。

商贸物流业在取得重大成就的同时，仍然存在一些突出问题。主要表现在：商贸物流网络不完善，基础设施供给不均衡；企业竞争力偏弱，市场集中度较低；专业化、社会化、现代化程度不高；标准化、信息化、集约化水平有待提升。

2. 面临的形势

"十三五"时期是我国全面建成小康社会的决胜阶段，也是推进供给侧结构性改革的重要时期，商贸物流发展面临重大机遇：居民消费规模进一步扩大，服务需求更加多元，为商贸物流业发展提供了广阔市场。随着"一带一路"建设、京津冀协同发展、长江经济带发展的推进实施，物流基础设施加快建设，为商贸物流区域协调发展奠定基础。新型城镇化和农业现代化有利于实现城乡融合，提高城市和农村间物流基础设施衔接和配套水平，为商贸物流发展提供支撑。云计算、大数据、物联网、移动互联网等新一代信息技术普及应用，有利于高效整合物流资源，为商贸物流转型升级和创新发展创造条件。内外贸一体化进程加快、跨境电子商务等新型贸易方式兴起，为商贸物流国际化发展拓展空间。法治化营商环境持续改善，有利于促进商贸物流主体公平竞争，为行业规范发展提供保障。

"十三五"时期，商贸物流发展也面临诸多挑战：资源环境约束强化，人工、租金成本刚性上升，标准化、信息化、集约化、绿色化发展任务艰巨。居民消费结构升级，对商贸物流服务向精细化、个性化、专业化发展提出更高要求。随着经济全球化、区域经济一体化进程加快，商贸物流企业在创新服务模式、提高经营效率等方面面临更加激烈的国际竞争。商业新技术、新业态、新模式给传统商贸物流发展带来新的挑战。

总体来看，商贸物流发展仍处于大有可为的重要战略机遇期，必须准确把握战略机遇期内涵和条件的深刻变化，着力在优化商贸物流结构、增强内生动力、补齐发展短板上取得突破，切实转变发展方式，不断提高商贸物流发展水平。

3. 总体思路

（1）指导思想。全面贯彻党的十八大和十八届三中、四中、五中、六中全会精神，深入贯彻习近平总书记系列重要讲话精神，紧紧围绕统筹推进"五位一体"总体布局和协调推进"四个全面"战略布局，牢固树立和贯彻落实新发展理念，充分发挥市场在资源配置中的决定性作用和更好发挥政府作用，按照推进供给侧结构性改革的总体要求，以体制机制改革为动力，以技术应用为支撑，以模式创新为引领，聚焦重点领域和关键环节，完善商贸物流服务体系，提升商贸物流发展水平，降低物流成本，提高流通效率，为经济社会发展提供物流服务保障，为全面建成小康社会做出贡献。

（2）基本原则。

① **市场驱动、创新发展**。强化企业的市场主体地位，创新商贸物流发展方式，鼓励

技术创新、模式创新和业态创新。创新商贸物流管理方式,提高政府公共服务、市场监管和宏观调控能力。

② 加强统筹、协调发展。统筹规划重大物流基础设施建设,推动商贸物流城乡合理布局和区域协同发展。优化供应链管理,推进商贸物流与商贸流通业融合发展,加快商贸物流与农业、制造业、金融业等产业协调发展。

③ 生态环保、绿色发展。鼓励应用节能降耗技术,减少对环境的污染和资源的损耗。推广使用绿色物流设施设备和绿色包装,推进物流设施设备的循环共用,创新绿色物流运作模式,提高能源资源使用效率。

④ 国际合作、开放发展。坚持扩大开放,深化国际合作,积极引进国外先进技术、资金、人才、管理等要素资源,提升商贸物流国际竞争力。积极构建国际营销和物流网络,为国内企业"走出去"和跨境电子商务发展提供保障。

⑤ 整合优化、共享发展。鼓励应用现代信息技术,发挥信息平台的资源整合优势,推进物流设施、技术装备、数据信息等资源共享。大力推广租赁制、交换制等循环共用方式,提高物流效率,降低物流成本。

4. 发展目标

"十三五"期间的发展目标是:基本形成城乡协调、区域协同、国内外有效衔接的商贸物流网络;商贸物流标准化、信息化、集约化和国际化水平显著提高,商贸流通领域托盘标准化水平大幅提升,标准托盘使用率达到30%左右,先进信息技术应用取得明显成效,商贸物流企业竞争力持续增强;商贸物流成本明显下降,批发零售企业物流费用率降低到7%左右,服务质量和效率明显提升;政府管理与服务方式更加优化,法治化营商环境更趋完善;基本建立起高效集约、协同共享、融合开放、绿色环保的商贸物流体系。

丹麦运输物流业的发展经验

丹麦是一个小国,但在国际运输物流产业中具有较强劲的竞争力,拥有如马士基这样的大型跨国集团,其运输物流业发展的经验很值得我们学习和借鉴。

制定统一的发展战略是丹麦的运输物流业发展的重要经验之一。目前丹麦运输物流业的主要战略仍是1997年政府与业界制定的战略。在1997年丹麦商业与工业部与丹麦工业界进行的一次对话中,丹麦运输业以及运输服务的使用者们表达了在物流和运输领域制定跨国发展战略的强烈愿望。于是丹麦商业与工业部同丹麦运输部、环境与能源部顺应企业的需要于1997年底开始共同制定统一的战略。来自公共部门和私营部门的代表举行了关于工业所面临的挑战的研讨会,就六个方面提出战略应对措施并成为政府与企业的共识。

1. 工业所面临的挑战

企业全球化给运输业提出了新挑战,物流变得越来越重要。面对全球性的竞争,运输业应该对整个制造业供应链提供增值服务;应与外国运输企业联合;应发展多式联运,包括汽车、铁路、飞机和船舶。

2. 公共法规

运输产业的管理应在国际范畴进行。丹麦企业和政府应积极参与与国际相关的运输法规的制定。通过各国协调关税及认证来发展有利于环保的运输。

3. 知识掌握

为便于产业创新，应通过大学、技术研究部门和产业之间的紧密合作来加强对物流和运输的研究。政府机构可以对由研究部门与产业界共同进行的研究项目提供资助。同时推行新的运输物流师教育也是十分重要的。

4. 资金渠道

包括中间融资、风险基金和丹麦工业发展基金均应向运输业倾斜。政府制定货物运输税收时要考虑企业的全球竞争力，另外还强调政府应降低公司税。

5. 政府与企业互动

发展基础设施，解决瓶颈问题，建立多式运输中心；建立福门海峡（Femern Strait）的永久运输线；提高海关效率，管理好保税仓库；政府与企业就运输中的环境问题加强对话。

6. 国际竞争条件

在国际上强调运输企业和运输工具同业之间的平等竞争。政府要在国际上积极反对贸易壁垒和国家补贴以改善丹麦企业的市场进入条件。为方便多式运输，运输部保证放开铁路货物运输，同时调查是需要修订丹麦港口的一些法律，以适应新战略。

本章小结

物流技术与装备的现代化是现代化物流发展的重要领域。如何建设现代物流装备设备系统及设施是物流系统建设过程的投资重点，是社会与企业普遍关心的问题。本部分从基本概念入手，探讨物流技术、物流技术装备等基本概念与分类，希望为读者学习后续的专业知识奠定基础。同时，随着现代物流向着全球化、网络化、自动化、大型化方向的发展，现代物流管理模式与物流系统集成技术都呈现了迅猛的发展势头。为了便于广大读者学习，本部分简要探讨了相关的现代物流管理技术与物流系统规划技术的概念。此外，随着现代计算机技术、现代自动控制技术以及光电技术的发展与应用，物流技术装备正向着自动化、智能化、柔性化等方向发展。

小资料

当前我国物流业的新特点

2017年5月，全球智慧物流峰会在杭州召开，中国物流与采购联合会会长何黎明发表了演讲，其中谈到当前我国物流业的新特点，摘录如下：

当前，我国物流业正处于重要的战略机遇期。随着我国产业结构调整和发展方式转换，物流业在国民经济中的基础性、战略性地位日益显现，焕发出新的生机和活力。

1. 我国已成为全球最大物流市场

我国作为全球第二大经济体，是全球第一制造业大国，带动物流市场呈供需两旺态势。2016年，全国社会物流总额达230万亿元，其中工业品物流总额占90%以上，仍是最主要的社会物流需求来源。我国社会物流总费用超过11万亿元，已经超过美国，成为全球最大的物流市场。全国货运量达到440亿t，其中，公路货运量、铁路货运量、港口货物吞吐量多年来居世界第一位。快递业务量突破300亿件，继续稳居世界第一。2016年，物流业从业人员超过5000万人，占全国就业人员6.5%，其中，邮政快递业从业人员245万，同比增长22%。物流业是吸纳就业的重要行业之一。

2. 消费型物流需求增长成为亮点

当前，我国人均 GDP 超过 8800 美元，最终消费对经济增长的贡献率为 65%，消费驱动经济增长特征明显。2016 年，社会消费品零售总额 33 万亿元，增速高于同期 GDP 增长 3.7 个百分点。其中，网上零售额占社会消费品零售总额的 15.7%，网上零售已经成为重要的消费力量。持续扩大的消费带动消费型物流高速增长。2016 年，我国单位与居民物品物流总额 7251 亿元，同比增长 43%，有持续加快的趋势。2016 年中物联发布的中国电商物流运行指数年均达到 156 点，反映全年电商物流业务增速超过 50%。扩大消费，特别是电商消费，带动物流增长趋势明显。

3. 社会物流效率进入快速提升期

2016 年，社会物流总费用与 GDP 的比率为 14.9%，连续五年持续下降，出现较快回落趋势。这既有产业结构调整优化的影响，同时，也有产业降本增效的原因。2016 年，服务业占 GDP 比重已上升为 51.6%。根据测算，服务业增加值占 GDP 的比重每上升 1%，社会物流总费用与 GDP 的比率下降 0.3~0.4 个百分点；近年来，科技创新和技术进步成为物流提质增效的驱动力。越来越多的企业加大技术装备改造升级力度，行业信息化、自动化、机械化、智能化趋势明显。例如，菜鸟广州增城物流园投入建设的自动化分拣系统，每天可高效处理超百万件级商品，拣货准确率接近 100%。效率提升已成为行业竞争焦点。

4. 一批领先物流企业引领行业发展

当前，我国物流企业法人单位数近 30 万家，成为重要的企业群体。2016 中国物流企业 50 强企业主营业务收入共计 8400 亿元，占物流业总收入的 11.5%，市场集中度小幅提升。截止到 2016 年年底，我国 A 级物流企业超过 4000 家，一批领先物流企业加快涌现。2016 年，菜鸟网络作为首家电商物流企业获评 5A 级物流企业。近年来，随着"互联网+"时代的到来，一批平台型物流企业进入市场，如运满满、货车帮、福佑卡车、卡行天下、路歌等，成为行业变革的重要力量。顺应时代发展趋势，传统物流企业积极拥抱互联网。例如，传化物流构建中国智能公路物流网络运营系统，中国物资储运总公司上线"中储智运"。线上线下企业加快联动融合。

5. 物流基础设施强化互联互通

随着第三次工业革命的到来，物流基础设施正在发生深刻变革。截止到 2016 年年底，我国高速公路和高速铁路里程分别达到 13.1 万 km 和 2.2 万 km，双双位居世界第一。国家高速公路网连接了城镇人口超过 20 万的中等及以上城市、重要交通枢纽和边境口岸，拉近了城市间距离，降低了通行成本。截至 2015 年 7 月，全国物流园区超过 1200 家，成为区域物流中心。交通线路和园区节点等物流基础设施编织形成互联互通的物流网络。从国际互联看，截至 2017 年 4 月，中欧班列已累计开行 3682 列，成为国际陆路运输骨干通道。跨境电商高速发展带动国际快递和海外仓建设布局，国际物流网络助推中国企业"走出去"。同时，我们也看到，随着物联网、云计算、大数据等信息基础设施逐步成熟，信息互联网带动物流基础设施的虚拟化联网和智能化升级，物流互联网正在成为可能。

6. 智慧物流成为转型升级新动能

当前，我国物流产业增速正在趋缓，传统的产业发展方式难以满足消费型需求快速增长的要求，现有的资源条件不足以支撑产业规模的持续快速增长。2016 年，全国社会物流总额比上年增长 6%，物流需求增速呈逐年放缓趋势。目前我国 60 岁以上人口占比 16.7%，老龄化危机严峻；每年排放二氧化碳总量 90 多亿吨，环境保护压力较大；2016 年，工矿仓储建用地 12.08 万公顷⊖，供给小幅下滑，仓储物流用地指标获取难度加大。全球新一轮科技革命的到来，为产业转型升级创造了重大机遇。智慧物流正在成为物流业转型升级的重要源泉。

(资料来源：中国物流学会)

⊖ 1 公顷 = 10000m²

实训练习

1. 解释下列术语

物流　物流装备　物流技术　物流技术与装备的特性　装卸搬运装备　流通加工装备

2. 简答题

（1）简述物流装备在物流系统中的地位和作用。

（2）简述物流技术在物流中的意义和作用。

（3）现代物流设备的发展趋势是什么？

（4）简述我国关于商贸物流发展"十三五"规划的总体思路和发展目标。

3. 拓展思考

（1）你认为应如何对物流设施设备进行科学分类？

（2）通过网络和实地考察等不同途径，调查了解我国物流设备与技术的现状，并谈一些你的看法。

第 2 章 包装技术与装备

问题的提出

1. 包装的功能是什么？
2. 你了解有哪些包装机械设备吗？
3. 各类包装机械的适用作业对象是什么？

本章导入

早在 20 世纪 50 年代，利乐开始为液态牛奶提供包装。自此以后，它就成为世界上牛奶、果汁、饮料和许多其他产品包装系统的大型供货商之一。1991 年，利乐的生产延伸至液态食品加工设备、厂房工程及干酪生产设备。今天，它是世界上能够提供综合加工设备、包装和分销生产线，以及为液态食品生产厂提供设计方案的国际性公司。

无菌利乐砖是最畅销的液体饮品纸盒包装系列。一经推出，它就为液体食品行业带来了革命性的改变，不仅外形独特、具备最有效的堆叠和存放特性，而且它还实现了让牛奶和果汁在无须冷藏、添加剂或防腐剂的条件下进行分销，同时还能保护包装内产品的营养价值。利乐无菌包装是由纸、聚乙烯塑料和铝箔复合而成，可有效隔绝光线、氧气及外界的污染，从而保证包装内容物无须冷藏和防腐剂即可拥有较长货架期。既解决了长途运输对产品保质期的挑战，又避免了食品的浪费。同时，由于它在生产、运输、零售、存储、消费的整个过程中不需要冷藏车、冷藏销售柜、冰箱等冷链设备，自然有利于节能减排，无论对保护社会的大环境，还是减少个人生活的"碳足迹"，都具有积极意义。

包装是产品进入流通领域的必要条件，而实现包装的主要手段是使用包装机械。随着时代的发展和技术的进步，包装机械在流通领域中正起着越来越大的作用。现代工业（如食品、轻工业、医药、化工、电子和国防等）生产中，主要包括原料处理、中间加工和产品包装，其中产品包装因包装的作用而成为非常重要的环节。由于包装对象、包装工艺的多样化，使包装机械在原理与结构上存在很大差异，即使是完成同样包装功能的机械，也可能具有不同的工作原理和结构。例如颗粒药片包装可以采用热成型—充填—热封口包装机，塑料瓶可采用计数充填机和旋盖机等完成包装。

在社会再生产过程中，产品包装处于生产过程的末尾和物流过程的开头，既是生产的终点又是物流的开始，而包装机械是使用产品包装实现机械化、自动化的根本保证，因此包装机械在物流中起着相当重要的作用。

2.1 包装的概念和功能

1. 包装的概念及分类

依据我国国家标准《包装流通术语》（GB/T 4122—2010）对包装的定义："包装是指

为在流通过程中保护商品、方便运输、促进销售，按照一定技术方法而采用的容器、材料和辅助物等的总体名称；也指为达到上述目的而采用容器、材料和辅助物的过程中施加一定技术方法等的操作活动。"

包装的种类从不同的角度可以有多种划分方法：

（1）按包装的功能，包装可分为单体包装、内包装、外包装。

（2）按商品运输方式，包装可分为运输包装、销售包装、集合包装。

（3）按包装的容器形态，包装可分为箱、袋、包、桶、罐、瓶、软管。

（4）按包装作业顺序，包装可分为一次包装、二次包装、三次包装。

（5）按包装容器性状，包装可分为软包装、刚性包装、半刚性包装。

（6）按包装方法，包装可分为防水、耐油、隔气、防尘、特殊包装。

（7）按包装材料，包装可分为纸、瓦楞纸板、塑料、金属、玻璃、陶瓷、木材、复合材料等。

（8）按内装物，包装可分为食品包装、药品包装、电器包装等。

（9）按产品的形状，包装可分为粉末包装、颗粒包装、块状包装、片状包装、棒状包装和物体包装等。

（10）按包装的重量，包装可分为小包装、中包装和大包装。

（11）按在物流活动的不同环节中的具体表现形式，包装可分为单体包装、集合包装、托盘包装等。

（12）按照物流的需要，包装通常分为工业包装和商业包装。工业包装又称运输包装或外包装，主要用于在运输存储过程中，保护内装物的安全，方便储运和装卸，保证加速交接和点验等过程；商业包装又称单体包装、销售包装或内包装，是直接接触商品并根据销售需要随商品进入零售网点，和消费者或客户直接见面的包装。

2. 包装的功能

与物流关系密切的包装的主要功能包括：兼具环保责任的保护功能、便利功能和促销功能。

（1）保护商品。对商品进行包装设计的时候，需要考虑商品在流通过程中可能会遇到的各种严酷的气候条件、机械条件、生物和化学条件的危害，从而采取相应的对策，使包装起到保护商品的作用。包装商品在流通过程中应不因周围各种天气条件，特别是潮湿天气的影响而使商品受潮、霉变和腐蚀损坏，不因装卸、运输中各种机械或人力的撞击、震动等机械力的作用而受到损伤。

（2）方便流通。从流通方面来考虑，包装单位的大小要和装卸、保管、运输条件相适应。在此基础上应当尽量做到便于形成批量运输，以获得最佳经济效果，同时又要求能分割及重新组合以适应多种运输条件及分货需求。另外，包装单位大小还应适合于进行交易的批量，在零售商品方面，应适合于消费者的购买。

（3）促进销售。包装是在商业交易中促进销售的重要手段之一，恰当的包装能使物品容易被识别，有助于树立商品形象，唤起人们的购买欲望，包装的外形、装潢和广告说明一样，是很好的宣传品。

2.2 物流包装机械设备

2.2.1 包装机械与包装容器

1. 包装机械的概念

长期以来，包装机械被人们狭义地理解为"把若干件商品集中起来加以包装的机械设备"。随着包装水平的提高及包装运输要求的改变，包装机械的适用范围正在不断扩大，与此同时，包装机械的含义也得到了进一步的完善。

根据国际标准化组织制订的包装机械国际标准（ISO/TC 122/SC4N48E）和我国制订的包装机械有关国家标准（GB/T 4122.1—2008，GB/T 5035—1985），包装过程包括充填、裹包、封口等主要工序及与其相关的前后工序，如清洗、堆码和拆卸等，此外，包装还包括计量或在包装件上盖印等工序。

所谓包装机械，包含两层含义：从狭义上来说，是指在机械化、自动化的批量生产中对产品进行包装的一种机械工具或设备；从广义上讲，包括各种自动化和半自动化的销售包装机械、运输包装机械、包装容器的加工机械、装潢印刷机械和搬运机械等，这些相互联系的机械设备联合组成现代化的包装机械体系。

2. 物流包装容器

物流包装容器是指为了满足包装内的商品的销售、仓储和运输要求而使用的包装制品。它们是包装材料、包装工艺、包装结构、包装造型以及包装标识的综合产物。根据内装物不同的理化性质、形态和物流环境条件，物流包装容器一般选用纸、纸板、瓦楞纸板、塑料、玻璃、金属、木材、竹材、天然纤维和化学纤维以及各种复合材料，制成包装袋、包装盒、包装罐、包装箱、包装桶等基本形态。

（1）包装袋。包装袋采用的是软包装技术，其包装材料具有较高的韧性、拉伸强度和耐磨性。包装袋一般为管筒状结构，一端先封好，在完成对内装物的填充操作后再封合另一端。包装袋适用于多种产品的运输包装、商业包装、内包装和外包装，用途较为广泛。对于物流包装而言，一般是根据内装物容装量的大小对包装袋进行分类。包装袋可分为集装袋、一般运输包装袋和小型包装袋三种类型。

（2）包装盒（罐）。包装盒（罐）类容器采用的是介于刚性包装和柔性包装之间的包装技术，其包装材料具有一定的挠性和抗压强度。包装盒（罐）类容器外观造型多为规则的几何立方体，也可设计成圆柱体、异形棱柱体、近似于球体等其他不规则形体，常常设计有可以反复开闭的装置。包装盒一般容装量较小，通过人工机械装填动作完成包装操作。根据所使用材料的性质，常见的包装盒（罐）主要分为纸盒（罐）、金属盒（罐）和塑料盒（罐）三种。

（3）包装箱。包装箱是采用刚性包装技术的包装容器中的重要一类，其包装材料为刚性或半刚性材料，强度加大且不易变形。包装箱的包装结构与包装盒相同，只是容积、外形都大于包装盒。包装箱容装量较大，整体强度大，抗变形能力强，适合用作运输包装和外包装，还可以用于从果蔬、加工食品、纺织品、化妆品、药品、玻璃陶瓷制品到自行车、家电、精美家具等各种产品的包装，使用范围很广。根据包装箱的材料和用途，可以分为瓦楞纸箱、木箱、塑料周转箱和集装箱等种类。

（4）包装桶。包装桶是材料强度大、整体抗变形能力强、容装量较大的一种刚性包装容器，在物流过程中常被用作运输包装或外包装。包装桶所用的材料可分为纸、塑料和金属。

（5）包装瓶。包装瓶是瓶身与瓶颈尺寸有较大差别的小型容器，是一种刚性包装容器。它所使用的包装材料有较高的抗变形能力，刚性、韧性要求一般也较高，少数包装材料介于刚性与柔性材料之间。包装瓶的外形在受外力时虽然会发生一定程度的变形，但外力一旦消除，仍可恢复原来的形状。包装瓶的结构特点是：瓶颈口径远小于瓶身，且在瓶颈顶部开口。包装操作是填灌操作，然后将瓶口用瓶盖封闭。包装瓶的容装量一般不大，适合美化装潢，主要用于商业包装、内包装，包装的物品主要是液体和粉状货物。包装瓶按外形可分为方瓶、圆瓶、高瓶、矮瓶、异形瓶等多种。瓶口与瓶盖的封盖方式有螺纹式、凸耳式、齿冠式、包封式等。

（6）包装罐。包装罐是罐身各种横截面形状大致相同，罐颈部较短、罐颈部的内径比罐身内径稍小或无罐颈的包装容器，是一种刚性包装容器。它所采用的包装材料强度较大，罐体抗变形能力强。包装操作是装填操作，然后将罐口封闭，可用于运输包装、外包装，也用于商业包装、内包装。根据包装罐的体积，可将其分为小型包装罐、中型包装罐和大型包装罐三种。

2.2.2 包装机械的分类

1. 按功能划分

（1）填充机：将产品按预算量填充到包装容器内的机器。它适用于包装粉状、颗粒状的固态物品。根据填充机械所采用的计算量原理不同，可分为容积式填充机、称重式填充机、计数式填充机；根据填充物的物料状态可分为粉料填充机、颗粒物填充机、块状物料填充机、膏状物料填充机；根据填充功能可以分为制袋填充机、成型填充机、仅具有填充功能的填充机。

（2）灌装机械：将液体按预定量灌注到包装容器内的机器。它根据灌装方式可以分为常压灌装机（如图 2-1 所示）、等压力灌装机、负压力灌装机；根据包装容器的传送形式可以分为直线式灌装机、旋转式灌装机。

（3）封口机械：在包装容器内盛装产品后，对容器进行封口的机器。封口是包装工艺中不可缺少的工序，封口的质量直接影响到被包装产品的保质期和美观度。常见的封口机械有热压封口机（如图 2-2 所示）、熔焊封口机、压盖式封口机等。

（4）裹包机械：用挠性包装材料全部或局部裹包产品的机器。它适用于对块状或具有一定刚度的物品进行包装，对于某些经过浅盘、盒等预包装的粉状和散粒状物品，也可以

图 2-1 常压灌装机

进行包装。裹包机械根据包装成品的形态可分为全裹包机和半裹包机；根据裹包方式可分为半裹式裹包机、全裹式裹包机、缠绕式裹包机、拉伸式裹包机、贴体裹包机、收缩裹包机。

（5）多功能包装机械：在一台整机上可以完成两个或两个以上包装工序的机器，如成型填充封口机、定型填充封口机、真空包装机（如图2-3所示）、真空充气包装机、填充封口机。

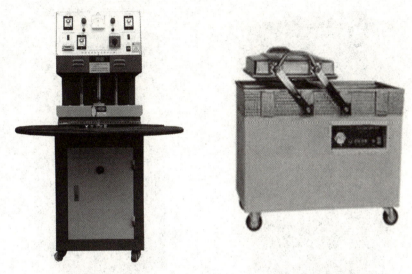

图2-2　热压封口机　　　　　　图2-3　真空包装机

图2-3显示的是真空包装机，适用于各种塑料薄膜袋、复合膜袋、铝箔袋的真空包装。对各种肉制品、禽产品、酱菜制品、海产品、大蒜制品、山野菜、粮食、医药、生物制品、电子元件等各种固体、粉状物、半流体进行真空包装，可以隔氧保鲜从而延长产品的保质期，还可以提高产品的档次。

（6）贴标机械：采用胶粘剂将贴标贴在包装件或产品上的机器。根据其自动化程度可分为半自动贴标机和全自动贴标机；根据容器的运行方向可分为立式贴标机和卧式贴标机；根据标签的种类可分为片式标签贴标机、卷筒状标签贴标机、热黏性标签贴标机、感压性标签贴标机、收缩筒形贴标机；根据容器的运动形式可分为直通式贴标机和转盘式贴标机；根据贴标工艺特征可分为压式贴标机、滚压式贴标机、搓滚式贴标机、刷抚式贴标机等。

（7）清洗机械：对包装容器、包装材料、包装辅助材料以及包装件进行清理，以达到预期清洁度的机器。它根据清洗方式不同可分为干式清洗机、湿式清洗机、机械式清洗机、电解式清洗机、静电式清洗机等。

（8）干燥机械：对包装容器、包装材料、包装辅助材料以及包装件等上的水分进行去除，以达到预期干燥程度的机器。它根据干燥方式可分为热式干燥机、机械干燥机、化学干燥机、真空干燥机（如图2-4所示）等。

（9）杀菌机械：对产品、包装容器、包装材料、包装辅助材料以及包装件等上的微生物进行杀灭，使其降低到允许范围内的机器。它根据杀菌方法可分为热杀菌机、冷杀菌机；根据操作性质可分为间歇式杀菌机、连续式杀菌机；根据操作原理特征可分为静止式、回转式、摇动式、水封式、静水压式、热流层式、喷淋式杀菌机；根据结构特征可分为隧道式、滚筒刮面式、螺旋泵式、板式、管式杀菌机。

（10）无菌包装机械：在无菌的环境下对产品完成全部或部分包装过程的机器。常见有砖形无菌包装机、枕形包装机（如图2-5所示）、三角形包装机等。

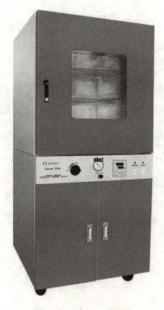

图2-4　真空干燥机　　　　　图2-5　无菌枕形包装机

（11）捆扎机械：使用捆扎带或绳捆扎产品或包装件，然后收紧并将捆扎带两端通过热效应熔融或使用包扣等材料连接好的机器。它属于外包装设备，主要用于食品、化工产品以及各种零件、部件和整件的包装。它根据自动化程度可分为全自动捆扎机、半自动捆扎机、手提式捆扎机；根据捆扎带材料可分为绳捆扎机、钢带捆扎机、塑料带捆扎机。

（12）集装机械：将包装单元集成或分解，形成一个合适的搬运单元的机器。常见的集装机械有集装机、集装件、堆码机（如图2-6所示）等。

图2-6　堆码机

（13）辅助包装设备：对包装材料、包装容器、包装辅助材料或包装件执行非主要包装工序的有相关功能的机器，如打印机、整理机、检查机等。

2. 按包装机械的自动化程度分类

（1）全自动包装机，即自动供送包装材料和内装物，并能自动完成其他包装工序的机器。

（2）半自动包装机，即由工人供送包装材料和内装物，但能自动完成其他包装工序的机器。

3. 按包装产品的类型分类

（1）专用包装机，即专门用于包装某一种产品的机器。

（2）多用包装机，即通过调整或更换有关工作部件，可以包装两种或两种以上产品的机器。

（3）通用包装机，即在指定范围内适用于包装两种或两种以上不同类型产品的机器。

2.2.3 包装机械的特点与组成

（1）特点。包装机多属于自动机，因此，它既具有一般自动机的共性，也具有其自身的特性，主要特点包括：

1）包装机械一般结构复杂、运动速度快，动作精度高，因此对零部件的刚度和表面质量等都有较高的要求。

2）用于食品和药品的包装机要便于清洗，与食品和药品接触的部位要用不锈钢或经化学处理的无毒材料制成。

3）进行包装作业时的工艺力一般都较小，所以包装机的电动机功率较小。

4）包装机一般采用无级变速装置，以便灵活调整包装速度、调节包装机的生产能力。由于影响包装质量的因素很多，比如包装机的工作状态（机构的运动状态、工作环境的温度、湿度等）、包装材料和包装物的质量等。所以为了便于机器的调整，满足质量和生产能力的需要，往往把包装机设计成无级可调的，即采用无级变速装置，某些零件还设计成可以调整的。

5）包装机械是特殊类型的专业机械，种类繁多，生产数量有限。为便于制造和维修，减少设备投资，包装机械一般具有通用性和多功能性。

（2）组成。根据包装机械的工作原理和结构性能的共同点，可将包装机械组成分为八部分，又称为包装机械组成的八大要素。

1）包装材料的整理与供送系统，即将包装材料（包括挠性、半刚性、刚性包装材料和包装容器及辅助物）进行定长切断或整理排列，并逐个输送到预定工位的系统。例如，糖果包裹机中包装纸的供送、切断机构，有的封罐机的供送系统还可完成罐盖的定向、供送等工作。

2）被包装物品的计量与供送系统，即将包装物品进行计量、整理、排列，并输送到预定工位的系统。有的还可完成被包装物品的定型、分割。例如，医疗灌装机的计量和液料供送系统。

3）主传送系统，即将包装材料和被包装物品由一个包装工位顺序传送到下一个包装工位的系统。

全部包装工序在包装机上往往分散成几个工位来协调完成，所以需要专门的机构来传送材料和被包装物品，直到把产品输出。主传送机构的形式，一般决定了包装机的形式并影响其外形。但是，单工位包装机没有传送系统。

4）包装执行机械，即直接完成包装操作的机械，包括完成裹包、灌装、封口、贴标、捆扎等操作的机械。

5）成品输出机械，即把包装好的产品从包装机上卸下、定向排列并输出的机械。有的包装机械的成品输出是由主传送机完成的或是靠包装产品的自重卸下的。

6）动力机与传动系统，即机械工作的原动力，在现代包装机械中通常为电动机，也有使用燃动机或其他动力机。

7）控制系统，即由各种手动装置和自动装置组成，控制包装机中从动力的输出、传动机的运转、包装执行机械的动作和相互配合以及包装产品的输出。其任务主要包括包装过程控制、包装质量控制、故障控制与安全控制等。

现代包装机械的控制方法除机械形式外，还有电动控制、气动控制、光电控制、电子控制和射流控制，可根据包装机械的自动化水平和包装作业的要求进行选择。

8）机身，即用于安装、固定、支撑包装机所有的零部件，并能够满足其相互运动和相互位置要求的部分。机身必须具有足够的强度、刚度和稳定性。

2.3　物流包装技术

在商品运输和仓储过程中，包装旨在保护内装物的价值和形态。包装可以改变流通物品的形状和性质，包装的优劣将直接影响运输、装卸、仓储等各个物流环节效益的高低。

目前用于物流系统的典型包装技术可以划分为两大类：一类主要面向运输仓储物流，主要涉及固定、缓冲、防潮、防锈、防霉等包装技术，研究重点在于能否以最低的物质、资金消耗和人工成本来保证内装产品被安全地送达用户手中；另一类主要面向商业销售物流，主要涉及泡罩、贴体、收缩、拉伸、真空、充气、吸氧、防虫、灭菌等包装技术，研究重点在于使内装产品与包装制品共同形成一个销售单元，在强调其包装保护功能的同时兼顾其他包装功能。

先进的物流包装技术是优化物流系统的重要硬件支撑，将有利于物流系统整体的完善和发展。常见的物流包装技术主要有以下几类。

（1）防霉防腐包装技术。由于有机物构成的物品在日常的环境条件下容易受潮，容易受霉腐微生物的污染而产生霉物，从而腐烂、变质，使物品的质量受到损害。一些机械、电工、仪器、仪表类的产品如果表面长霉，不但影响其外观，还会导致机能故障，加快金属产品的腐蚀速度。防霉防腐包装可使被包装物品处在能抑制霉腐微生物滋生的特定环境中，以保证被包装物品的质量，并延长保存期限。

在流通过程中，商品不但种类、规格、数量繁多，而且要经过许多环节。商品在流通的各环节中都有被霉腐微生物污染的可能，如果周围有适宜的环境条件，商品就会生霉变质。因此，为了使商品安全地流通，必须对易霉腐商品进行防霉防腐包装。当前防霉防腐包装技术主要有以下几种：化学药剂防霉防腐包装技术、气相防霉防腐包装技术、气调防霉防腐包装技术、低温冷藏防霉防腐包装技术、干燥防霉防腐包装技术、电离辐射防霉防腐包装技术，以及紫外线、微波、远红外线和高频电场防霉防腐包装技术。

（2）防潮包装技术。在流通过程中，产品不可避免地要受到环境中的潮气侵袭，严重受潮将会导致内装物变质和失效，空气湿度的变化已经成为引起商品质量变化的重要因素。防潮包装就是采用具有一定隔绝水蒸气能力的防潮材料对产品进行包封，使产品不受外界湿度变化的影响，同时使包装内的相对湿度满足产品的要求，保证产品的质量。防潮包装具有防止易吸潮的产品潮解变质，防止含有水分的食品、果品等脱水变质，防止食品、纤维制品、皮革等受潮霉变，防止金属及其制品锈蚀等作用。

一般防潮包装方法有两类：一类是为了防止被包装的含水产品失去水分，保证产品的性能稳定，采用具有一定透湿度的防潮包装材料进行包装；另一类是为了防止被包装物品增加水分影响物品质量，在包装容器内装入一定数量的干燥剂，吸收包装内的水分和从包装外渗进来的水分，以减缓包装内湿度的上升速度并延长防潮包装的有效期。

（3）防虫害包装技术。在流通过程中，商品要在仓库中储存，而仓储商品受到的主要危害之一是仓库的害虫，简称仓虫。仓虫不仅蛀蚀动植物性商品和包装物，破坏商品的组织结构，使商品出现孔洞甚至破碎，而且在新陈代谢中排泄污染物污损商品，影响商品的质量和外观。因此，需要对一些易被虫蛀蚀的商品进行防止虫害的包装。

防虫害包装技术通过利用各种物理因素或化学药剂作用于害虫的肌体，破坏害虫的生理机能和肌体结构及生存条件，杀死害虫或抑制害虫繁殖，以达到防虫害的目的。通常采用在包装中放入有一定霉性和臭味的驱虫药物的方法，利用药物挥发的气体驱除和杀灭各种害虫。

（4）防振包装技术。防振包装又称缓冲包装，在各种包装方法中占有重要地位。产品从生产出来到开始使用，要经过一系列的保管、堆放、运输和装卸过程，置于一定的环境之中。在任何环境中都会有力作用于产品之上，并可能使产品发生机械性损坏。为了防止产品遭受破坏，就要设法减小外力的影响。防振包装是指为了减缓内装物受到的冲击和振动，保护其免受损坏采取一定防护措施的包装。防振包装的技术主要有全面防振、部分防振和悬浮式防振三种。

（5）收缩包装与拉伸包装技术。收缩包装是用可热收缩的塑料薄膜裹包物品或包装件的一种包装方法；拉伸包装是用可拉伸的塑料薄膜在常温和张力下对物品或包装件进行裹包的一种包装方法。收缩薄膜的常用制造方法分为片状和筒状两种。收缩包装的作业工序一般分为两步：首先是预包装，用收缩薄膜将物品包装起来，热封必要的口与缝；然后是热收缩，将预包装购物品放到热收缩设备中加热。拉伸包装方法按包装用途可分为用于销售的包装和用于运输的包装两类。

（6）防锈包装技术。大气锈蚀是空气中的氧、水蒸气及其他有害气体等作用于金属表面引起电化学作用的结果。如果使金属表面与引起大气锈蚀的各种因素隔绝（即将金属表面保护起来），就可以达到防止大气锈蚀的目的。防锈包装就是根据这一原理将金属涂封、包裹以防止锈蚀的。

防锈包装的作业工序包括清洗、干燥、防锈处理与包装等步骤。在选择确定合适的防锈包装时，要特别注意将制品的特点与防锈剂的特性结合起来考虑。应该就金属制品特点（成分、形状、结构和加工精度）、防锈保护程度和期限、处理的难易程度和方法、使用时清除防锈材料的难易程度和方法、防锈处理完毕后包装的要求和经济性等方面做出综合分析。

（7）保鲜保质包装技术。在物流过程中，为了保证内装物有足够长的货架寿命，必须采取的一系列保护措施和方法即保鲜保质包装方法。常用的保鲜保质包装技术主要有：充气包装、真空包装、收缩包装、脱氧包装、泡罩包装及贴体包装。

（8）危险品包装技术。根据不同的危险性，我国交通运输及公安消防部门将危险品分为十大类，即爆炸性物品、氧化剂、压缩气体和液化气体、自燃物品、遇水燃烧物品、易燃液体、易燃固体、毒害品、腐蚀性物品、放射性物品等。对于这些危险品，在物流过程中要分别采用特殊包装技术方法予以防护。常见的危险品包装技术主要有：防毒包装、防蚀包装和防燃防爆包装。

（9）防水包装技术。防水包装是指为了防止因水侵入包装件而影响内装物的质量，采取一定防护措施的包装。比如，用防水材料衬垫包装容器内侧，或在包装容器外部涂刷防水材料等。一般来说，防水包装也是防潮、防霉、防锈等包装的基本条件，但通常不能相互替代。

（10）防伪包装技术。防伪包装是指借助包装来防止商品在流通与转移过程中被人为窃取、调换和假冒的技术与方法。在包装中，有许多技术可以用于商品的防伪包装，因而防伪包装技术多种多样，有的复杂，有的简单，有的新颖，有的传统。这些技术的优劣很难以一个通用的标准来衡量。目前常用的有条码技术、激光光刻技术、激光全息图像技术、油墨技术、印刷技术、破坏性防伪技术等。

（11）固定缓冲包装技术。在装卸、运输和仓储的过程中，为了防止冲击、振动、堆码等外因对内装物造成机械性破坏，需要将内装物固定在容器内以缓冲外力，实施这种保护的包装产品与包装制品共同形成一个销售单元。

 拓展阅读

我国物流包装发展中存在的主要问题和发展趋势

一、存在的问题

近几年，我国的物流包装行业有了很大的发展，也暴露出一些问题。

1. 物流包装的浪费和成本问题

我国人口众多，制造企业数量庞大，商品流通数量巨大，这些都造成我国包装资源消耗数量惊人；在包装工业迅速发展的同时，包装废弃物也持续增加。但令人担忧的是包装废弃物的回收利用率较低，一方面，大量原本可以继续回收利用的包装被当作无用废物直接抛弃，造成资源浪费；另一方面，增加了废弃物的处理成本，给自然环境带来生态负担。

在惯常的物流包装中，很多企业使用一次性纸箱或木箱，循环使用包装的占比非常低。我国属于林木资源匮乏的国家，很多原材料需要进口。由于原材料供需关系的波动、汇率波动等不可控因素，都会导致原材料成本的变化。而造纸行业属于污染较严重的行业，随着全社会环保意识加强，国家环保监管水平提高，包装生产的成本也会随之提高。这些因素都可能导致物流包装的成本及整个供应链的成本不断上升。如何通过采用新技术或新模式降低整个供应链上的物流包装成本，已成为企业面临的重要课题。

2. 物流包装标准化问题

现阶段，我国很多行业物流运作的通常惯例是：上游供应商给下游企业发货，常常使用一次性纸箱、木箱进行货物包装与运输，即使采用带板运输方式，由于托盘标准不统一或者没有在整个供应链上实现托盘循环共用，货物在送达目的地后需要人工卸车、重新码盘再入库存放。这种情况必然使得货物运输、搬运、堆垛、存储等流通环节的作业量增加，既增加了货物损坏的风险，又耗费了时间和人力，导致物流运作效率降低，物流成本升高。

标准化、系统化是物流运作的本质特征，它强调各个环节、各个组成部分的协调和配合。在实际应用中，各种包装材料、包装尺寸、包装容器规格、包装机械、包装检验等方面的技术要求并不是孤立的，需要从供应链角度考虑和设计。目前因我国物流包装的规范化和标准化程度较低，难以实现有效的衔接和重复回收再利用，这必然导致企业无效作业增多，包装成本增加，效益下降，对整个社会来说，也可能造成环境污染和资源浪费。

3. 包装材料和包装设备创新能力不足问题

物流包装工作是从生产的末端开始的，其本身是生产制造的一部分。随着制造业技术进步，高效、大规模流水线生产体系的建立，包装工作也必须依靠先进的机械设备，才能跟得上高效的生产体系。因此，先进的包装设备已经成为不可或缺的重要生产工具。

从总量上看，我国已成为世界包装大国，但在包装材料和设备研发能力方面仍与发达国家存在较大差距。代表包装技术前沿的中高端的包装基础材料、包装机械（食品饮料包装、塑料薄膜等）仍是由欧美、日本等发达国家主导；国内包装技术研发及创新工作仍须努力。

二、物流包装发展新趋势

近年来，以互联网技术为代表的信息技术迅猛发展，商业竞争加剧，新的商业模式层出不穷。这些都标志着物流迎来了技术变革的激情时代，而物流包装技术也呈现出全新的发展趋势，主要体现在以下三点：

1. 全新的材料

当前，环境问题日趋重要，资源能源更趋紧张，构筑循环经济社会，走可持续发展道路已成为全球关注焦点和迫切任务，并成为各行各业发展及人类活动的准则。因此，目前可降解材料成为包装行业关注的热点。

可降解塑料既具有传统塑料的功能和特性，又可以在完成使用寿命之后，通过阳光中紫外线的作用或者是大气、土壤及水中的微生物作用，在自然环境中分裂降解和还原，最终以无毒形式重新进入生态环境，回归大自然。

2. 全新的模式

传统的包装产品制造企业和包装服务商仅仅从产品的角度考虑问题，只是将包装视为物流链条的一项配套服务来讨论，很少主动研究物流系统与包装系统之间相互协调的问题。随着互联网技术的不断发展，以及全球经济一体化进程的加快，市场竞争也悄然发生变化，逐渐由过去传统的企业之间的竞争向供应链之间的竞争转变。在整个供应链中，包装作为重要的商品贯穿于其中，并且对整个供应链的运营成本有着重要的影响。因此，为了更好地适应市场需要，物流包装企业正积极转变观念，从产品提供者的角色积极向物流服务型企业靠拢。

托盘和包装箱的共享租赁、循环使用的模式正是这种趋势的体现。在这种模式下，包装企业不再只是包装物的供应商，更是为包装产品在供应链运作中提供物流服务的物流商。包装企业通过包装产品流通中心，在制造企业与其下游客户之间实现包装物的持续快速周转和同步生产配合。新的运营模式使得一次性购置成本较高的新型材料的包装产品可以替代一次性包装产品，并可以反复使用。在长时间循环往复的物流运营中，最初较高的包装投入被分摊到整个包装的使用寿命内，单次成本就可以降低很多，因而可大大降低整条供应链的包装成本。

3. 全新的理念

在包装领域，有两个热门的理念：一个是"以人为本"的理念，主要应用了最新的人机工程学的成果；另一个是包装全生命周期管理理念。

人机工程学应用到物流包装领域，要求物流包装应首先满足人的要求，主要包括安全要求、适宜的劳动强度、物流包装方便化要求。目前，很多包装设备、包装器具在设计时都会考虑到以上这些因素。

包装的全生命周期管理理念是指要在从包装材料、生产、运输、仓储、使用到废弃回收的整个生命周期的各个环节中，建立起系统、有效的低碳化体系，构建整个包装服务流程的优化策略，即生产加工过程中要规范包装产品的选材及结构，运输、仓储、装卸过程中低碳化物流策略，简约化、人性化的低碳消费包装策略，以及绿色化回收原则，以实现包装在整个生命周期过程中综合碳排放最低。低碳包装的宗旨即在包装的整个生命周期过程中遵循5R理念：Reduce——节约能源、减少污染；Re-evaluate——绿色价值、环保选购；Reuse——重复使用；Recycle——分类回收再利用；Rescue——保证自然、万物共存。

本章小结

本部分详细介绍了包装的概念以及在现代物流中的作用，进一步介绍了包装机械设备的概念、分类、特点与组成，最后介绍了各种物流包装技术的主要内容。

小资料

德国汉堡出口包装有限责任公司 Securitas 的机电产品运输包装设计与工艺

怎样才能更好地保护机电产品在运输过程中不发生破损，使其能够完好无损地到达用户手中？通过德国汉堡出口包装有限责任公司"塞库瑞塔斯"（Securitas）的资料，我们可以了解德国机械电子设备出口运输包装的状况，进而更加深入地了解其设计方法和包装工艺。

出口机电产品的运输包装设计与其他运输包装相似，首先要根据所包产品的重量、尺寸、重点要保护部位、生产企业及所到国家或地区对包装的特殊要求，以及该产品包装件使用哪种运输工具运输，运输过程的气候条件和装卸转运条件等进行包装设计和加工，并按照相关标准和工艺要求进行装配。

从汉堡出口包装有限责任公司（Securitas）对机电产品的出口运输包装情况来看，使用最多的是封闭木箱。所用木材绝大部分为松木，原料来自几个北欧国家及俄罗斯。当委托单位把设备特点告诉该公司后，技术人员就要结合图样或亲自去现场测量了解设备的基本数据，包括尺寸、重量、设备的结构特点、脆弱部件的位置等，然后开始进行木箱设计。

设计木箱时首先考虑由滑木、端木、底板、枕木、垫木等组成的底座的结构与尺寸，根据设备的重量等选用合适尺寸和足够强度的组件。滑木的长度及截面尺寸选择应该结合内装物的重量、大小来完成。滑木的数量取决于内装物的宽度，德国木材包装标准规定，宽度超过3.25m才考虑用五根或五根以上滑木。而某些德国企业对设备的出口包装有更严格的要求，宽度超过3m就必须使用五根或六根滑木，这方面Securitas要求必须按客户的要求去做。滑木选好以后，必须对其进行强度校核，常见的校核包括抗弯强度、抗压强度、抗剪强度。端木的尺寸也要根据内装物的重量和大小参照有关标准来选择。端木的长与木箱内宽相同，端木常用螺栓固定安装在滑木上，它距滑木端部的距离等于端板的厚度。枕木通常在其长度方向随均布载荷或集中载荷，这样就可以计算出枕木所需的截面尺寸和数量。枕木同样要用螺栓或钢钎安装在滑木上。该公司一般都是在包装现场先用设备在底座上定位标记后再固定的枕木，这样就可以减少装配误差。垫木的选择也取决于设备的重量和尺寸，它的分布和起吊位置有很大关系，左右两边的垫木和左右两端端面的最佳距离是滑木长度的0.2倍。

木箱的侧面及端面一般由上下框木、立柱、斜撑、箱板等组成，它们的框架结构设计可以根据内装物重量和尺寸大小在适当的时候进行简化。侧板和端板的尺寸要按有关规定选取。侧板一直伸到滑木下沿，端板只铺到滑木上面。出口运输包装经常在侧板和端板内侧各加一层防水材料。顶盖内侧常常也夹带一层防水材料，横梁和梁撑的尺寸必须按有关标准选用。横梁的验算要考虑两种情况，一是当木箱顶盖承受垂直压力作用时横梁的抗弯强度，另一种情况是起吊时链索在顶盖侧面加压时横梁在长度方向的抗压强度。Securitas 的机电设备出口包装采用的箱板尺寸是板厚 25mm，板宽 10cm。侧板和端板都采用竖铺方式，这样箱体具有更好的承载能力，该公司为了生产加工方便，其底板和顶板也使用与侧端板相同尺寸的木板，所有木板都采用对口拼缝方法连接。这几点都是该公司的出口包装特色，在包装设计过程中能坚持严密科学的计算与验算，也是该公司在竞争中处于优势的一个原因。

出口木箱包装用板材除了木板外，该公司也使用一定量的有胶合板箱和少量的有向薄片胶合板箱（OSB）。关于所用板材该公司可以向客户提出建议，但最后客户决定使用什么材料，因为这里边牵扯到价格成本和接收国的规定等因素。对出口到中国的所有木质包装，该公司事先都要进行加热除害处理。

设计好出口包装后，技术部就会把包装木箱的结构尺寸通过计算机传输给加工分厂。随着公司实力的不断扩大，Securitas 在几年前吞并了一家木材加工厂作为自己分厂。加工分厂会按设计要求选用相应的包装材料和包装辅助材料，并把加工组装好的底座、侧板、端板和顶盖运往包装车间。包装时首先在底座上完成包括防锈包装和固定防护在内的内包装，然后用钢针把端板钉到滑木上，在底座两侧钉上辅助立柱后，再在滑木上钉上侧板，接下来将横梁搭在辅助立柱上并钉连它们，最后钉好侧板端板上部以及顶盖成箱。这里要说明的一点是，该公司经常采用辅助立柱与侧板、横梁与顶盖分开装配的方法，实践证明这样装配的确简单方便。成箱后的顶盖外表铺上一层强度很好的防晒防雨塑料薄膜，其下垂边缘覆盖端侧板上部一小部分，并用特殊工具把此塑料薄膜钉在侧板和端板上。此后就可以在标有由此起吊的底棱和木质板上部侧棱分别钉上护铁。最后在端侧板上喷印向上、怕湿、重心点、包装合同号、木材预处理等标志，并注册产品名称、包装尺寸、重量、运往目的地等信息。这时一台设备的出口运输包装得以完成。

Securitas 用于机电产品的出口运输包装除了封闭箱外，也使用较多的敞开包装，偶尔还采用花格箱。敞开包装是指只有底座，而没有端板、侧板和顶盖的包装件。设备在底座上的固定防护及防锈包装与箱装基本类似。根据对设备储运期限的要求，可以选用聚乙烯塑料薄膜或铝箔塑料复合薄膜，结合干燥剂完成设备包装；也可以使用气相防锈薄膜与热收缩薄膜相结合的包装方法。固定防护常用地脚螺栓、安全带、木条木块等。如果客户对设备的防雨、防锈和防盗等没有特殊要求，但要求包装件具有一定的堆码抗压能力，此时可以使用花格箱。敞开包装大部分情况下都装在集装箱内进行运输，不过整个包装件要紧固于集装箱里，不允许出现翻倒及滑移现象。箱装包装件可以装入集装箱内运输，也可以固定在平台集装箱上运输。对超大尺寸的包装件只能直接装在甲板上或船舱内。

以上是德国机电产品出口包装的一些介绍。我国作为一个机电产品出口大国，必须高度重视机电产品出口运输包装的方法与质量。应该在考虑环保的前提下，通过科学的技术方法，既要保证出口机电产品安全到达世界各地的用户手中，又要尽量节约包装材料和包装辅助材料。我们可以借鉴德国机电出口运输包装的技术和经验，不断改进我国的机电产品出口包装，通过包装提高机电产品出口的竞争力，减少不必要的损失和赔偿。

实训练习

1. 解释下列术语

包装　包装容器　包装机械

2. 简述题

（1）简述包装的基本功能。

（2）常见的包装机械有哪几种类型？试比较它们的性能和特点。

3. 拓展思考

通过不同渠道调查了解我国目前不同行业中包装业务的开展情况，分析包装给企业及社会带来的好处。

第 3 章 装卸搬运机械

问题的提出

1. 决定选用装卸机械的条件有哪些？
2. 装卸搬运设备是如何分类的？
3. 常见的装卸搬运设备有哪些？

本章导入

> 云南双鹤医药有限公司是北京双鹤医药用来重点开辟西南区市场的一大企业，是一个以市场为核心、现代医药科技为先导、金融支持为框架的新型公司，是西南地区经营药品品种较多、较全的医药专业公司。
>
> 虽然云南双鹤已形成规模化的产品生产和网络化的市场营销，但是其流通过程中物流管理的滞后，导致物流成本高，影响企业经营效益。
>
> 例如，装卸搬运作业是衔接物流各环节活动正常进行的关键，而其搬运设备的现代化程度低，只有几个小型货架和手推车，大多数作业仍处于人工作业为主的原始状态，工作效率低，且易损坏物品。另外仓库设计不合理，造成长距离运输，仓库区域内作业流程混乱，形成了重复搬运和无效搬运。过多的搬运次数，损坏了商品，造成了时间的浪费。
>
> 为了改善装卸搬运作业、降低物流总成本，该公司采取了一系列措施，如优化搬运路线、减少搬运环节、提高物品装卸搬运活性指数、利用重力原理实现省力化装卸、优化设施布置等，并取得了显著成效。

3.1 装卸搬运机械设备概述

3.1.1 装卸搬运机械设备的概念

物流装卸搬运是指在一定的区域内（通常指某一个物流节点，如车站、码头、仓库等），以改变物品的存放状态和位置为主要内容的活动。它是伴随输送和保管而产生的物流活动，是对运输、保管、包装、流通加工、配送等物流活动进行衔接的中间环节。在某些特定场合，单独称"装卸"或"搬运"，同样也包含了"装卸搬运"的完整含义。

在实际操作过程中，装卸与搬运是密不可分的，两者是伴随发生的。因此，在物流科学中不强调两者之间的差别，而是把两者作为同一种活动。

装卸搬运设备是物流中心和生产物流系统的重要装备，在生产地与作业场地，装卸搬运设备起着人与工位、工位与工位、加工与储存、加工与装配之间的衔接作用，具有物料的暂存和缓冲功能。对输送设备的合理运用，能够使各工序之间的衔接更加紧密，使生产效率得到了提高，它是生产中必不可少的调节手段。

物流装卸搬运设备机械化、自动化迅速发展，这对于加强现代化物流具有非常重要的作用。其作用具体体现在以下几个方面：

① 节约劳动力，改善工人的劳动条件。
② 提高装卸搬运效率，缩短作业时间，加快货物的送达和发出。
③ 降低装卸搬运作业成本。
④ 采用机械化作业，加速货位周转，减小货物堆码的场地面积，提高货位利用率。

3.1.2 装卸搬运的特点

1. 装卸搬运是衔接性的活动

装卸是指"物品在指定地点以人力或机械装入运输设备或卸下。"搬运是指"在同一场所内，对物品进行水平移动为主的物流作业。"装卸是改变"物"的存放、支撑状态的活动，主要是指物体上下方向的移动。而搬运是改变"物"的空间位置的活动，主要是指物体横向或斜向的移动。通常装卸搬运是合在一起用的。装卸搬运在物流活动中起着承上启下的作用。物流各个环节之间和同一环节内部，都需要进行装卸搬运作业，正是装卸搬运活动把物流各个阶段连接起来，使之成为连续的流动的过程。

2. 装卸搬运作业量大

在生产企业物流中，装卸搬运成为各生产工序间连接的纽带，它是从原材料设备等装卸搬运预备开始到产品装卸搬运为止的连续作业过程。在物流活动中，装卸搬运是不断出现和反复进行的，它出现的频率远远高于其他物流活动，而且每次装卸搬运活动都要浪费很长时间，所以往往成为决定物流速度的关键。装卸搬运活动所消耗的人力活动也很多，所以装卸搬运费用在物流成本中所占的比重也较高。

3. 装卸搬运方式复杂

装卸按设备对象分可分为仓库装卸、铁路装卸、港口装卸、汽车装卸、飞机装卸等；按机械分又可分成使用起重机的"吊上吊下"方式，使用叉车的"叉上叉下"方式，使用半挂车或叉车的"滚上滚下"方式，"移上移下"方式及散装方式等。

4. 对装卸搬运安全性要求很高

由于物流活动是物的实体的流动，在物流活动中确保劳动者、劳动手段和劳动对象安全非常重要。装卸搬运特别是装卸作业，货物要发生垂直位移，不安全因素比较多。实践表明物流活动中发生的各种货物破失事故、设备损坏事故、人身伤亡事故等，相当一部分是装卸过程中发生的。特别是一些危险品、在装卸过程中如违反操作规程进行野蛮装卸，很容易造成燃烧、爆炸等重大事故。

3.1.3 装卸搬运机械设备的分类

1. 按主要用途分类

（1）起重设备。

(2) 连续输送机械。

(3) 专用装卸搬运设备，也就是带有专用取物装置的设备。

(4) 装卸搬运车辆。

2. 按装卸搬运货物的类别划分

(1) 集装箱货物装卸搬运设备。小吨级（1t）集装箱一般选用叉车作业。大吨级（5t及以上）集装箱采用龙门起重机或选装起重机进行装卸搬运作业，同时还可以使用叉车、集装箱牵引车、集装箱搬运车等。

(2) 件包装货物装卸搬运设备。件包装货物一般采用叉车进行装卸搬运作业，同时使用托盘辅助作业。

(3) 散货装卸搬运设备。散货一般采用装卸机、输送机等进行装卸搬运。

(4) 特殊形体货物装卸搬运设备。例如，长大货物一般采用轨行式起重机和自行式起重机进行装卸搬运作业。

3.2 装卸起重机械

起重机械是一种以间歇性作业方式对物品进行起升、下降和水平移动的搬运设备。起重机械以完成货物垂直升降作业为主要功能，兼有一定水平运输作业，工作对象主要为笨重大件物品。起重机械至少具有完成物品上、下升降功能的起升机械。根据起升机构的活动范围不同，起重机械分为简单起重机械、通用起重机械和特种起重机械。

起重机械是现代企业实现物流作业机械化、自动化，改善物料装卸搬运条件，减轻工人劳动强度，提高装卸搬运效率不可缺少的重要机械设备，在各个领域如港口、仓库、车库等被广泛运用。

3.2.1 简单起重机械

简单起重机械一般只做升降运动或一个直线方向移动，只需要具备一个运动结构。常用的简单机械包括手拉葫芦、手扳葫芦、电动环链葫芦和升降机等，如图 3-1 所示。它们起升货物重量不大，作业速度及效率较低。

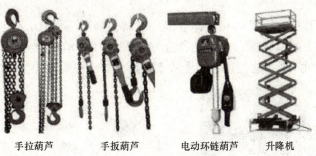

手拉葫芦　　手扳葫芦　　电动环链葫芦　　升降机

图 3-1　简单起重机械

几种常用升降机的介绍如下：

1. 固定升降机

固定升降机适用范围较广：在有高度差的生产流水线之间运送货物；物料上线、下线；工件装配时调节工件高度；在仓储装卸场所与叉车等搬运车辆配套进行货物快速装卸等。固定升降机实物如图 3-2 所示。

2. 移动式升降机

移动式升降机（如图 3-3 所示）能够在不同高度快速、慢速行走，可以在空中的操作平台连续完成上下、前进、后退、转向等工作。

图 3-2　固定升降机　　　　　　　　　　图 3-3　移动式升降机

移动式升降级产品种类很多，大致可分为牵引式、自行式、手推式等。

牵引式升降机的代表为二轮牵引式和四轮牵引式。牵引式升降机可利用拖车或柴油机做牵引动力进行移动并可做液压升降动力，该系列升降机具有移动灵活、升降平稳、载重量大、操作方便的特点。

自行式升降机选用三相电源或蓄电池控制行走，也可以在不外接电源的情况下，手柄控制行走。自行式升降机速度可调，移动灵活、操作方便、升降自如。其主要特点就是使用人员不需要下升降台。

手推式升降机属于中小型机械，可采用单相、三相电源，蓄电池或柴油机作为移动和升降动力，特殊场所也可选用防爆电动机、电器等。其控制方式为电动上、下控制升降，手、电两用，在停电时仍可使用，方便灵活，安全可靠。

3. 车载式升降机

车载式升降机是为提高升降机的机动性，将升降机固定在蓄电池搬运车或货运车上，如图 3-4 所示。实现车载式升降机的升降功能，以适应厂区外的高空作业。

4. 剪叉式升降机

剪叉式升降机是用途广泛的高空作业专用设备，如图 3-5 所示。它的箭叉机械结构，使升降台起升有较高的稳定性，宽大的作业平台和较高的承载能力，使高空作业范围更大，并适合多人同时作业。它使高空作业效率更高，安全更有保障。

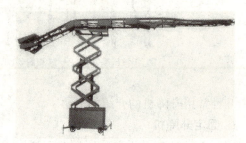

图 3-4　车载式升降机　　　　　　　　　　图 3-5　剪叉式升降机

5. 曲臂式升降机

曲臂式升降机是用于高空作业的升降设备，具有伸缩臂，能伸缩作业，可跨越障碍进行高空作业如图 3-6 所示。平台升降到任何位置时，均可边行走边作业，结构紧凑，转向灵活，可 360°旋转，平台承载量大并可搭载一定的设备。

图 3-6　曲臂式升降机

3.2.2　通用起重机械

通用起重机械具有使物品做水平方向的直线运动或回转运动的机构。通用不仅指搬运物品的多样性，而且也包括使用场所的广泛性。通用起重机主要有通用桥架式起重机、龙门式起重机、固定回转式起重机和移动回转式起重机等。

1. 回转式起重机

这种起重机是利用臂架或整个起重机的回转来搬运物品，臂架的吊钩幅度可以改变，起重机的工作范围是一个圆柱或扇形立体空间，如图 3-7 所示。回转起重机分为两大类：固定回转起重机和移动回转起重机。前者装在固定地点，后者安装在有轨或无轨的运行车体上，随着工作需要可以改变其工作地点。

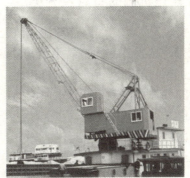

图 3-7　回转式起重机

2. 桥架式起重机

桥架式起重机是指以桥架为承载结构，由起升机构、小车运行机构和大车运行机构等几部分组成的起重机械,如图 3-8 所示。按其结构不同可分为梁式起重机、通用桥式起重机、龙门起重机、装卸桥等类型。

桥架式起重机的基本参数有:起重量、起升高度、跨度、各种机构的工作速度及各机构的工作级别。另外,机械的生产率、轨距、外形尺寸、最大轮压等也是重要参数。

a) 桥式起重机　　　　　　　　　　b) 龙门起重机

图 3-8　两种桥架式起重机

3.2.3　起重机械选择的原则

配备起重机械时,主要根据以下参数进行起重机的类型、型号选择:
① 所需起重物品的重量、形态、外形尺寸等。
② 工作场地的条件(长×宽×高,室内或室外等)。
③ 工作级别(工作频繁程度,负荷情况)的要求。
④ 生产率要求。

根据上述原则,首先选择起重机的类型,再决定选用这一类型起重机的某个型号。

3.3　连续输送机械

3.3.1　连续输送机械的特点及分类

连续输送机械是沿给定线路连续输送散粒物料或成件物品的机械,可以分为有挠性牵引构件(如胶带、链条)和无挠性牵引构件两类。

连续输送机械与间歇动作的起重机相比,其特点是可以沿一定的路线不停地连续输送货物,装载和卸载都是在运动过程中完成的,不需要停车,起动、制动少。连续输送机械输送的货物一般是散货,这些货物以连续的形式分布在承载部件上,被输送的成件货物也同样按一定的次序以连续的方式运送。

目前,连续输送设备在现代化物流搬运系统中被大量使用,尤其是在自动化立体仓库、物流配送中心、大型货场等场所,连续输送设备是必不可少的。

3.3.2　典型输送机械

1. 带式输送机

带式输送机是一种摩擦驱动以连续方式运送物料的机械,如图 3-9 所示。采用这种设备,可以将物料从最初的供料点沿着一定的输送线输送到最终的卸料点,并形成一种物料的输送流程。它既可以进行碎散物料的运输,也可以进行成件物品的输送。除进行纯粹的物料运输外,还可以与各工业企业生产流程的工艺要求相配合,形成有节奏的流水作业运输线。因此,带式输送机广泛应用于各种现代化的工业企业中。

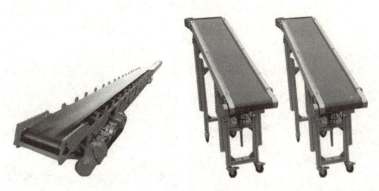

图 3-9　带式输送机

2. 链式输送机

链式输送机的特点是:用绕过若干链轮的无端链条作牵引构件,由驱动链轮通过轮齿与链节的啮合将圆周牵引力传递给链条,在链条上输送货物。链式输送机,如图 3-10 所示。

3. 斗式提升机

斗式提升机是一种在垂直方向上输送散料的连续输送装置,如图 3-11 所示。斗式提升机通常由牵引构件、料斗、机头、机座、机筒、驱动装置等组成。

图 3-10　链式输送机

斗式提升机的工作过程分为 3 个阶段:装料、提升与卸料,其中装料与卸料尤为重要,它们对提升机的生产率起决定性作用。

图 3-11　斗式提升机

4. 辊道式输送机

辊道式输送机结构比较简单,是使用最广泛的输送机械之一,如图 3-12 所示。它是由一系列以一定间距排列的辊子组成,用于输送成件货物或托盘货物。每台辊子输送机由一台齿轮传动式电动机驱动,在需要的地方设有电磁制动器。辊子的运动是借助一条带有防护的链条实现的。每一个单元均装在一个预制的框架上,此框架装在输送机系统的支持钢结构上。

运行控制由输送控制系统集中控制。辊道升降台是输送机系统的关键设备,主要作用是改变货物在输送机系统上的运行方向。辊道升降台有两个传动机构,移栽机构与辊道输送机相同,升降机构采用电动机减速机带动曲柄连杆机构实现升降过程。

图 3-12 辊道式输送机

5. 螺旋式输送机

螺旋式输送机(如图 3-13 所示)体积小,重量轻,密封性好,工艺布置灵活,输送效率高,装拆移动方便。螺旋式输送机大多用于斜角输送,广泛适用于输送粉状、粒状及小块物料,不宜输送易结块、粘性大的物料。

图 3-13 螺旋式输送机

3.4 大宗散货装卸机械系统

3.4.1 散货的概念

在运输和储存中,不加包装而成堆堆放的各种块状、粒状和粉状货物都是散装货物,主要包括煤炭、砂子、碎石、石灰、粮食等大宗运输货物。

散装货物的物性有:块度、湿度、容重、颗粒的流动性等。

3.4.2 大宗散货装卸机械系统的类型和组成

根据应用场合不同，大宗散货装卸机械系统常分为：港口码头散货装卸机械系统、散堆货场装卸机械系统、仓库装卸机械系统。

港口码头装卸机械系统包括散货卸车机、堆场机械、散货装船机、散货卸船机、带式输送机、翻车机等。

散堆货场装卸机械系统中，装车主要采用抓斗起重机、单斗装卸机、带式输送机、链斗装车机等设备进行机械化装车作业。卸车时，一般用以下方法进行：用链斗卸车机、抓斗起重机等将货物从敞车上部卸出；用螺旋卸车机、机械铲、推铲等将货物从敞车侧面卸出。

仓筒装卸机械系统一般包括装料机械设备、卸料机械设备、输送机械设备等组成。

3.4.3 常用大宗散货装卸机械介绍

1. 装车机和卸车机

常用的装车机和卸车机主要有两大类——链斗装（卸）车机和螺旋卸车机，广泛应用于港口、货场、工矿企业装卸煤、砂子、矿石等散货。

链斗装（卸）车机（如图 3-14 所示）用于装砂、卸煤等；由钢结构、斗式提升机、带式输送机提升机构、行走机构、电气设备、电缆卷绕装置、司机室组成。

装车机和卸车机的主要区别：卸车机整体高度大；卸车机上带式输送机长度大，可逆转；卸车机轮廓长度短，料斗数目少；卸车机没有挡板和料槽。

2. 螺旋卸煤机

螺旋卸煤机（如图 3-15 所示）是接卸具有侧开门敞车的专用机械，由水平卸料螺旋、螺旋传送机构、螺旋摆动机构、行走机构和钢结构组成。工作时，螺旋卸车机开到车厢顶部，打开敞车侧门，再逐步放下卸料螺旋，开动行走机构，使螺旋慢慢从一端移动道另外一端，并随时调整螺旋高度，将车内的散货从车厢的侧门卸下。

图 3-14 链斗装（卸）车机

图 3-15 螺旋卸煤机

3. 翻车机

翻车机是用倾翻车厢的方法将所载散货一次卸出的高生产率卸车机械，它具有卸车效率高、生产能力大、机械化程度高的特点。

翻车机作业时，一般需要将重载列车解列，然后逐一送进翻车机重翻卸，卸完后的空车又需要拉走重新编列。

翻车机可以分为侧倾式和转子式。

① 侧倾式翻车机：当车厢被送进旋转平台后，压紧装置压紧车体，回转平台旋转将散货卸到侧面的漏斗中，如图3-16所示。

② 转子式翻车机：当车辆被送进转子内的支撑平台上，压紧装置压紧车体，转子回转将散货卸到下面的漏斗中，如图3-17所示。

图3-16 侧倾式翻车机

图3-17 转子式翻车机

4. 斗轮堆取料机

斗轮堆取料机是一种既能堆料又能取料的高效连续装卸机械，主要由斗轮机构、俯仰机构、回转机构、行走机构、悬臂式输送机、尾部带式输送机等组成，如图3-18所示。

5. 装船机和卸船机

（1）装船机。散货装船机由可以俯仰的带式输送机组成，并能沿港口码头移动，如图3-19所示。

（2）卸船机。其主要用途是将船舱内的货物提升并直接输送到岸上的堆场或装车的输送系统，如图3-20所示。

图3-18 斗轮堆取料机

图3-19 装船机

图3-20 卸船机

3.5 装卸搬运机械的配置与选择

1. 装卸搬运机械的配置选择原则

（1）根据作业性质和作业场合进行配置、选择。
（2）根据作业运动形式进行配置、选择。
（3）根据作业量进行配置、选择。
（4）根据货物种类、性质进行配置、选择。
（5）根据搬运距离进行配置、选择。

2. 装卸搬运机械数量的确定

影响装卸搬运机械设备数量的因素有：①作业量；②设备类型、性能；③作业均衡性；④作业时间；⑤作业条件。

具体确定装卸搬运机械设备需要量时，需先进行机械设备作业能力的测定和计算。

（1）机械设备作业能力的测定是指机械设备完成一定的作业量所需要的时间。测定方法为：

1）测定机械设备完成一个作业周期中每个动作所需要的时间 t_i。

2）求一个作业周期实际所用的时间 t，公式为：$t = \sum_{i=1}^{n} t_i$。

3）考虑一个作业周期中的允许延误时间 t_L，公式为 $t_L = tK$，K 为允许延误时间系数。

4）求一个作业周期的平均耗时 t_P，公式为 $t_P = t + t_L$。

5）求每小时机械设备作业的周期数。当 t_P 的单位为分，$f = 60/t_P$，t_P 的单位为小时，$f = 1/t_P$。

6）求每小时的机械设备的作业量，公式为：$A = fG$，G 为每个作业周期的作业量。

（2）其次是作业环节的机械设备需要量的计算。基本公式为：

$$R_{环} = (V/T_m)/(G/T_p) \quad \text{或} \quad R_{环} = V/T_m A$$

公式的意义是：单位时间内完成作业的总量（V/T_m）与单位时间内每台机械设备的作业量（G/T_p）之比。

式中：$R_{环}$ 为该作业环节的机械设备的需要量（台）；

V 为该作业的作业总量（吨或箱）；

G 为每台设备一个作业周期的作业量（吨或箱）；

T_p 为每台设备一个作业周期的平均耗时（小时）；

T_m 为完成该作业环节作业总量的限定时间（小时），T_m 一般由仓库或铁路等部门规定；

A 为每台设备每小时的工作量（吨或箱/小时）。

在应用公式时应该注意：第一，公式中作业量计算单位和时间计算单位要统一。第二，$R_{环}$ 的计算数值出现小数时，当小数大于 0.2 时，取整数 1，小于 0.2 时舍去。第三，公式是对某种机械设备单独计算。第四，公式的计算值是针对某种设备和某项作业的理论值。

3. 一条作业线的机械设备需要量

当各作业环节的机械设备的需要量计算并取得均衡后，把各环节相同作业内容的同类型的机械设备需要量相加，就得到作业线各类机械设备的需要量。

4. 装卸搬运机械的配套原则

① 装卸搬运机械在生产作业区的衔接。
② 装卸搬运机械在数量和吨位上的配套。
③ 装卸搬运机械在作业时间上的协调。
④ 装卸搬运机械与场地、周边辅助设备匹配。
⑤ 与众不同的托盘搬运工具。

 拓展阅读

林德公司 T20SP 托盘搬运叉车

站驾式托盘搬运叉车主要用于仓储业的货物卸载、搬运及拣选的工作。林德新一代 T20SP 完全与众不同，是基于大量用户的实际工况而研发的，它创造了托盘搬运的新概念，将为托盘搬运带来前所未有的高效、安全和舒适，如图 3-21 所示。

图 3-21　林德 T20SP

市场上同类叉车具有以下普遍特点：

（1）正常行驶情况下叉车前进和后退的行驶时间各占一半，如使用站驾式托盘搬运叉车卸载 30 个标准托盘时，司机平均需要频繁转动身，很容易导致司机的生理伤害，如果疲劳、扭伤等。

（2）市场上站驾式托盘搬运叉车都存在相似的不安全构造。其舵柄需要较大的力量来操纵，舵柄本身的长度使得司机的身体无法避免要暴露在车体之外，在操作过程中易受到其他叉车或壁墙的碰撞而导致意外伤害。

（3）现有的站驾式托盘搬运式叉车无法在保证稳定性的同时又保证其驱动系统的性能。行驶速度提高，稳定性必然下降。叉车上下工作平台和爬坡时需要电动机输出强大的转矩，以确保良好的牵引机制动性能。无论满载或空载，叉车连续行驶距离一般不会超过 40m，因此，需要叉车具有最佳的加速能力和制动性能。

（4）相对驾驶叉车而言，其他辅助作业占据了司机 70% 的工作时间。所有站驾式托盘搬运叉车均有可折叠的站板。通常情况下，司机在 97% 的时间使站板处于打开状态。

T20SP 具有的技术特点如下：

（1）45°驾驶位置与"易驾"舵柄完美配合。与行使方向成 45°角的驾驶方为使司机的视野最大化，悬浮式的站板平台配合宽大的驾驶空间，使司机的腿部、腰部以及双手都得到有效的支撑。在行使过程中司机只要稍稍转动一下头部即可保证足够的 320°驾驶视角。根据人机功效设计的"易驾"舵柄单手即可操作，与 45°驾驶方位配合，在驾驶过程中无需频率变换姿势，可减少司机疲劳，避免颈部和背部的疼痛。电子转向系统便于操作者在狭窄空间（如货车内）作业，并可以根据车速高低自行调整转向反馈力的大小，以保证精确的转向控制。另外，"易驾"舵柄还具有自动对准功能，很容易让叉车保持稳定的直线行驶。

（2）主动悬挂和交流驱动系统。T20SP 配备了电子控制的主动悬挂系统，它可根据实际路况计算出稳定性牵引力之间的最佳比率，并进行适时调整。在驱动轮的两侧设置有两个完全独立的液压悬浮式稳定轮，数字控制器通过计算叉车的牵引力和稳定状态得出稳定轮最理想的位置。叉车还可以根据行驶速度高低自动调整转向力大小，为司机提供良好的路感。转向时，叉车行驶速度随着转向角度增加而自动降低，确保稳定。这使得叉车无论是过坎、爬坡还是转弯都很稳定。交流驱动系统为叉车提供了强劲的动力，3kW 的交流驱动电动机保证叉车能够在满载时正面通过 13%的坡道。而且无论满载或空载都能在 5m 的行驶距离内达到 10km/h 的最高速度，这些性能参数较之市场上产品性能提升了 30% ~50%的水平。

（3）实用的工作台设计。舵柄独特的不对称设计和工作平台上防滑浮点，便于司机上下活动进行第二层货物拣选；宽大的储物盒可以存放薄膜卷、写字板、手套、笔、文件等物品，构成真正意义上能满足司机工作需求的工作平台；低位设计的站板将上下的疲劳度降到最低，这些都极大地提高了作业效率。

（4）全面的保护。车体护板采用圆弧形设计，宽阔的驾驶空间和"易驾"舵柄紧凑的设计确保操作者在操作时肩部、手臂及双手均处于车体的保护之内，而且悬浮式的驾驶平台将来自地面的振动与司机的脚步隔离开，以便司机集中精力驾驶叉车。T20SP 同时装备了一系列安全装置，如松开行驶控制按钮，叉车即实现无制动开关在叉车满载时也是一种有效的制动方式，叉车制动力的大小还可以根据货物的重量自动调节，保证安全的制动距离。如果客户选择电池侧面更换方式，电池锁止系统会在电池箱拉出时将单侧的稳定轮锁死，确保叉车始终处于水平位置。

（5）便捷的维护。林德公司充分考虑到了客户在维护保养方面的需求，节省了维护检修时间：T20SP 配备的防水、防尘的交流电动机完全免维护，新型的车体盖板采用了最新的复合工程材料，可以很简单地打开，叉车维修间隔期长达 1000h。工程师还可通过工作台上的诊断接口直接读取运行数据。这使得调整叉车性能参数、预见性的维护及快速维修变得十分方便，有效地提高了叉车的整体运行效率。

本章小结

装卸搬运是物流最基本的功能环节，物流搬运设备是物流系统的基本设备。本部分对装卸搬运特点、搬运设备分类以及各种起重设备、搬运车辆、连续输送设备进行深入探讨，希望读者能够了解装卸搬运的基本理论，掌握物料搬运设备的基本分类方法、各种设备的典型结构以及工作原理。

小资料

机器人技术在物流中的应用：分拣、搬运到送货

机器人技术在物流作业过程中发挥着越来越重要的作用，将成为引领现代物流业发展趋势的重要因素。

目前，机器人技术在物流中的应用主要集中在包装分拣、装卸搬运和无人机送货等三个作业环节。

1. 机器人技术在包装分拣作业中的应用

传统企业中，带有高度重复性和智能性的抓放工作一般依靠大量的人工去完成，不仅给工厂增加了巨大的人工成本和管理成本，还难以保证包装的合格率，而且人工的介入很容易给食品、医药产品带来污染，影响产品的质量。

机器人的技能在包装领域得到了很大的施展。尤其是在食品、烟草和医药等行业，大多数生产线已实现了高度自动化，其包装作业基本都实现了机器人化作业。机器人作业精度高、柔性好、效率高，克服了传统的机械式包装占地面积大、程序更改复杂、耗电量大的缺点；同时避免了采用人工包装造成的劳动量大、工时多、无法保证包装质量等问题。

拣选作业主要是指由移动式机器人来进行品种拣选，如果品种多、形状各异，机器人需要带有图像识别系统和多功能机械手，机器人每到一种物品托盘就可根据识别系统，判断物品形状，采用与之相应的机械手抓取，然后放到搭配托盘上。

"机器人+"物流让仓储物流的搬运得到了很大程度上的提速。2015年6月，硅谷公司Fetch Robotics获得了日本软银公司领投的2300万美元融资。Fetch Robotics公司的主要产品就是物流机器人。一个称为Fetch的机器人可以根据订单把货架上的商品拿下来，放到另一个叫Freight的机器人里运回打包。

2. 机器人技术在装卸搬运中的应用

装卸搬运是物流系统中最基本的功能要素之一，存在于货物运输、储存、包装、流通加工和配送等过程中，贯穿于物流作业的始末。目前，机器人技术正在越来越多地被应用于物流的装卸搬运作业，从而直接提高了物流系统的效率和效益。

搬运机器人的出现，不仅可以充分利用工作环境的空间，而且提高了物料的搬运能力，大大节约了装卸搬运过程中的作业时间，提高了装卸效率，减轻了人类繁重的体力劳动。机器人目前已被广泛应用到工厂内部工序间的搬运、制造系统和物流系统连续的运转，以及国际化大型港口的集装箱自动搬运。

随着传感技术和信息技术的发展，AGV（无人搬运车，Automated Guided Vehicle）也在向智能化方向发展。

作为一种无人驾驶工业搬运车辆，最初的AGV在20世纪50年代就得到了普及应用。随着现代信息技术的发展，近年来无人搬运车才获得巨大发展与应用，开始进入智能时代，因此也称AGV为智能搬运车。

近年来，随着物联网技术的应用，在全自动化智能物流中心，AGV作为物联网的一个重要组成部分，成为一个具有智慧的物流机器人，与物流系统的物联网协同作业，实现智慧物流。

3. 机器人技术在送货中的应用

美国电子商务巨头Amazon公司庞大物流配送中心有几万名员工工作，每天处理着来来往往的订单。2012年，Amazon收购了面向物流行业的机器人制造厂商Kiva Systems公司。这表明Amazon正非常认真地思考"机器人+"物流将带来的竞争力与优越性（Amazon的无人送货机如图3-22所示）。

图3-22　Amazon的无人送货机

2013年年底，状况更加有趣了。那就是 Google 在机器人上与 Amazon 的对抗。据《纽约时报》著名的科技记者约翰·马科夫（John Markoff）分析，Google 为此而加紧谋划，一步一步地将从生产制造到物流配送的"完整的消费者产品产业链"实现自动化。

Google 机器人部门此前先期开展的项目还包括自动驾驶汽车。就在大家纷纷揣测 Google 什么时候可以通过自动驾驶汽车实现网上购物当天配送服务的时候，Google 又令人意想不到地公布了将在旧金山与硅谷等地推出当天配送服务"Google 购物快递"。

4. 机器人技术在物流业中的应用前景

在现代化物流体系中，机器人技术的应用程度已经成为决定企业竞争力和未来发展的重要衡量因素。

毫无疑问，"机器人＋"物流可以有效地提高物流效率和质量，而且对保障人身安全、改善劳动环境、减轻劳动强度、提高劳动生产率、节约材料消耗以及降低生产成本都具有十分重要的意义。

"机器人＋"物流不仅在包装分拣、装卸搬运和无人机送货中得到了广泛应用，随着机器人技术的不断进步和各种智能机器人的不断涌现，在流通加工、仓储和信息处理等物流作业环节中也必将得到广泛应用。机器人也将更好、更高效地服务于物流业，从而促进现代物流业的快速发展。

（资料来源：中国经济网，2017-02-23，作者：工业和信息化部国际经济技术合作中心，王喜文。）

实训练习

1. 解释下列术语

装卸搬运　装卸起重机械　连续输送机械

2. 简答题

（1）简述搬运机械设备的特点。

（2）简述起重机械选择的原则。

（3）简述连续输送机械的特点。

3. 拓展思考

结合本章的引导案例和实训案例，请思考装卸搬运设施在物流网络中的地位和作用是什么。根据导入案例所反映的问题，你认为如何解决好现代物流节点的建设问题？

第 4 章 集装单元化设备

问题的提出

1. 集装单元化运输的含义是什么？
2. 集装箱运输的特点是什么？
3. 托盘的用处是什么？各类托盘的优缺点分别是什么？

本章导入

中国国际海运集装箱（集团）股份有限公司（简称中集集团）始创于1980年1月，是全球规模最大、品种最齐全的集装箱制造企业之一，客户包括全球知名的船公司和租箱公司，产品遍及北美、欧洲、亚洲等全球主要的海陆物流系统。2015年，中集集团实现营业收入586.86亿元，净利润为19.74亿元。其中，集装箱业务实现净利润人民币9.96亿元，同比上升40.21%。其集装箱产销量仍保持全球行业第一，净利润增长主要来源于冷藏集装箱业务的快速增长。

4.1 集装单元化概述

4.1.1 集装单元化的定义

1. 集装与集装单元

集装是在生活与生产过程中为了便于处理零散物品而采用的一种方法。生活中，一般称为筐、篮、箱、袋、包的大都属于集装器具，如购物袋、旅行箱就属于常用的集装器具。

在物流现代化的过程中，人们对集装的概念有了新的认识。在物流系统中，要处理的对象绝大部分都是小件杂货，货物的形状各异、大小不一。这种类型的小件杂散货物很难进行单件处理，所以只有经过一定程度的组合，才能有利于销售和流通。也就是说，集装是将许多单件物品通过一定的技术措施组合成尺寸规格相同、重量相近的大型标准化的组合体。

为了借助机械化、自动化的手段提高物流系统的作业效率，首先必须把货物归总成整齐归一的作业单元。在生产领域、流通流域和消费领域中，集装就是为了最有效地进行物资搬运，把若干物品和包装货物或者零散货物恰当地组合，形成一个货物单元，以便于装卸、存放、搬运与机械操作。

所以，集装单元就是把一定的物料整齐地集结成一个便于储放、搬运和运输的单元。

2. 集装单元化的定义

集装单元化就是以集装单元为基础来组织货物的装卸、搬运、储存和运输等物流活动一体化运作的作业方式。被集装单元化的货物称为单元货物。用于集装货物的工具称为集装单元器具，它具备两个条件：一是能使货物集装成一个完整、统一的重量或体积单元；二是具有便于机械装卸搬运的结构，如托盘有插孔，集装箱有脚件吊孔等，这是它与普通货箱及容器的主要区别。

集装单元化是物流现代化的基础建设内容，其实质就是要形成集装单元化系统，即由单元货物、集装单元器具、物料搬运设备和输送设备等有机和谐地组成的高效、快速地进行物流功能运作的系统。集装单元化将各项分散的物流活动有效地连接成一个整体，是物流系统合理化的核心内容和主要方式。集装系统的基本要素一般包括工具要素、管理要素和集装系统的社会环境支撑要素。

（1）工具要素。集装工具在诸要素中是最主要、最基本的组成部分，主要由各种集装化设备与器具、配套辅助性工具等构成，如集装箱、托盘、周转箱、集装袋、散装罐、仓库笼等。这些工具的主要作用是将零杂货物组合成单元货物。以这些工具为承托物，以单元货物为整体，就可以进行物流运营。其中最有代表性的、使用最普遍的工具是托盘和集装箱。

（2）管理要素。由于集装的范畴很广，只有依靠有效的管理才能使整个系统形成内在的、有机的联系，因此，集装管理极具特殊性。它主要包括：集装化设备与器具的周转管理、集装联运经营管理、集装信息管理等。

（3）社会环境支撑要素。社会环境支撑要素主要包括法律、体制、制度软环境。

4.1.2 集装单元化的类型

集装单元化有很多种典型的方式，通常使用的集装单元主要有以下几种：

（1）集装箱系统。它是将大型容器发展成为集装箱，集装箱配置半挂车又演变成大型的台车。集装箱是当前集装单元发展的最高阶段。

（2）托盘类。它以平托盘为主体，包括从平托盘发展到柱式托盘、箱式托盘、轮式托盘和专用托盘。集装箱和托盘是集装单元化的两大支柱。

（3）捆扎型。它是用绳索、钢丝或打包铁皮把小件的货物扎成一捆或一叠，这是简单的集装单元化。捆扎型集装单元化方式在冶金、木材加工等行业应用广泛。

（4）集装容器。典型的集装容器是集装袋，其变形形式有集装网络、集装罐、集装筒等。

4.1.3 集装单元化的作用

（1）采用集装单元化技术能够提高运输的质量，减少运输过程中货物损坏、丢失数量，同时也减少错运的发生。集装单元是把产品密封在包装容器（如集装箱等）中，实际上起了一个强度很大的外包装作用。在运输过程中无论经过多少环节，都不需要搬运集合包装内的产品，因而有效地保护了产品，减少了破损，同时还能防止产品被盗或丢失。

（2）采用集装单元化技术能减小装卸搬运的劳动强度。在整个物流过程中，物流的装卸搬运出现的频率大于其他作业环节，所需要的时间多，劳动强度大，占整个物流费用比重大。采用集装单元化技术使物流的储运单元与机械等装卸搬运手段的标准能互相一致，从而把装卸搬运劳动强度减小到最低限度，便于实现机械化作业，提高作业效率，降低物流费用，实现物料搬运机械化和标准化。货物从始发地就采用集装单元形式，不管途中经过怎样复杂的转运过程，都不会打乱集装单元物的原状，很大程度上减少了转载作业，极大地提高了运输效率。

（3）采用集装单元化技术能够改善仓储管理，提高仓库利用率。经过集装的货物，比较规范和整齐，不仅便于货物的仓储和管理，同时，由于能采用机械化的搬运手段，加快了货物进出仓库的速度，从而能提高仓库的利用率。

（4）采用集装单元化技术能够节省包装费用，降低运输成本。集装单元节省包装材料。集装箱和托盘等可以反复周转使用，大多数产品改用集装单元后，原来的外包装可以降低用料标准。集装单元可以减少包装操作程序，减轻劳动强度，降低包装费用。如有的产品用集装箱运输，只要把产品按顺序装到箱内，箱上加上铅封，用叉车装运即可。

（5）采用集装单元化技术便于计算机管理。集装单元化物流是现代物流和社会供应链中应用最广、适应性最强的一种先进物流运输和装卸运输方式，货物集装化后更便于计算机管理，体现了现代物流信息化的重要特征。

但是，货物的集装单元化也给物流管理带来一些问题，主要表现在：由于货物运输的流向不平衡，出现集装单元器具的回空；需要相应的装卸搬运机械和运输设备与之配套，从而增加了对设备的投资；增加装卸搬运中的附加重量（集装单元器具的自重）和体积，有时反而会影响车辆和库房的装卸和储存能力，从而增加储运费用。

4.1.4 集装单元化的原则

为了充分发挥货物集装单元化的优越性，降低物流费用、提高经济效益，在实现集装单元化时，必须遵循以下几个基本原则：

（1）标准化原则。集装单元标准化是物流系统中各相关设备制定标准规格的依据，集装单元器具标准化是物流合理化的核心问题之一。集装器具的材质、性能的标准化既有利于集装器具的大量生产、维修、管理，也有利于保证其通用性。

国际上有国际标准化组织标准（ISO），我国有国家标准（GB），各个企业也有企业自己的标准。企业标准应与国家标准基本一致，国家标准也正在逐步向国际标准靠拢，以利于国际沟通。

（2）系统化原则。集装单元化技术涉及网络系统各环节，必须有系统观念，合理解决物流系统各环节间的"二律背反"问题，从全局考虑追求系统整体的效益与成本投入的最佳效益。

为了实现"门到门"的集装箱运输，不仅需要配套的起重、运输工具，还需要考虑桥梁的通过能力；在一个企业内实现货物的集装单元化计划时，也必须统筹考虑。

（3）一贯化与直达化原则。集装单元一旦形成，不宜随意分拆，应该尽可能保持原状送达最终用户。

（4）综合效益最大化原则。推广应用集装单元化技术，将给物流系统带来巨大的综合效益。需要注意的是，在实施的过程中要尽可能实现集装器具的循环使用，组织集装箱和托盘等集装器具的回流和回收，这样才能充分发挥集装单元化的最大优势。

近年来，货物的集装单元化已受到重视，我国开始制定各种标准，采取各种措施来提高整个社会物流的集装单元化程度。但是，目前货物和商品的集装率还很低；在商业储运系统中，托盘的使用还不普遍。为了改变目前的物流行业的落后状况，逐步实现物流现代化，发展货物的集装单元化已是当务之急。

4.1.5 集装单元化技术

集装单元化技术是物流管理硬技术（设备、器具等）与软技术（为完成装卸搬运、储存、运输等作业的一系列方法、程序和制度等）的有机结合。

集装单元化技术是物流系统中适合于机械化大生产，便于采用自动化管理的一种现代科学技术。在推广应用集装单元化技术的过程中必须注意单元化技术与设备的系统化、通用化和标准化。

单元化技术的全面应用，应该贯穿物流系统的各个环节，因此它具有系统的概念。从仓库进货，到堆码、储存、保管、分拣、配送、运输、回收等诸多环节都会出现单元化容器的形态。单元化技术要对全物流过程各项环节和活动进行综合、全面的管理。

集装单元化要与物流全过程的设备与工艺相适应，不同形式的集装单元化方法之间、同一种集装单元化方法的不同规格的集装工具之间要相互协调，如单元化容器的尺寸必须配合汽车的尺寸、托盘的尺寸，甚至滚道的宽度尺寸、货架的尺寸以及其自身互相组合的尺寸等，以便在物流全过程中畅通无阻。

4.2 集装箱

4.2.1 集装箱概述

一、集装箱的定义

集装箱是具有一定规格和强度，进行周转用的大型货箱（也称货柜箱）。根据货物特性和运输需要，集装箱可以用钢、玻璃钢、铝等材料制成。集装箱是最主要的集装器具，它能为铁路、公路和水路运输所通用，能一次装入若干个运输包装件、销售包装件或散装货物。

我国国家标准 GB1992—2008《集装箱名词术语》对集装箱是这样定义的：集装箱是一种运输设备，应具备下列条件：

(1) 具有足够的强度，在有效的使用期内可以反复使用。
(2) 适于一种或多种运输方式运送货物，在途中无须倒装。
(3) 设有供快速装卸的装置，便于从一种运输方式转到另一种运输方式。
(4) 便于箱内货物装满和卸空。
(5) 内容积大于或等于 $1m^3$。

二、集装箱的特点

集装箱是应用广泛的集装化设备，其优点主要表现有：

（1）集装箱强度高，保护能力强，可有效防止货损、货差、盗窃、包装货物安全。

（2）集装箱功能多，本身还是一个小型的储存仓库。因此，使用集装箱可以不再配置仓库。

（3）使用集装箱，可节省包装材料和包装费用，减少理货手续、降低物流费用。

（4）与其他集装设备相比，集装箱的集装数量较大，在散杂货的集装方式中优势尤为明显。

（5）集装箱还具备标准化装备的一系列优点，如尺寸、大小、形状有一定规定，便于对装运货物和承运设备做出规划、计划；可统一装卸、运输工具，简化装卸工艺，通用性、互换性强。

（6）集装箱也存在一些重大的缺点，限制了它在更广的范围中的应用。主要包括：①自重大，因而无效运输、无效装载的比重大。在物流过程中，许多劳动消耗于箱体本身上，增加了货物的运费。②本身造价高，在每次物流中分摊成本较高。③空箱回空有很大浪费。

4.2.2 集装箱的种类及基本结构

1. 按照集装箱的制造材料分类

（1）铝合金集装箱。它是用铝合金型材和板材构成的集装箱，其特点是重量轻、箱体尺寸不大，但造价高，在航空集装箱领域中采用较多。

（2）钢质集装箱。它是用钢材制成的集装箱，其优点是强度高、价格低，但重量大，防腐蚀性较差。钢质集装箱是目前采用最多的，尤其是通用大型集装箱，绝大部分是钢制。

（3）玻璃钢集装箱。它是用玻璃纤维和合成树脂混合在一起制成超薄的加强塑料，用黏合剂贴在胶合板的表面上形成玻璃钢板而制成的集装箱。它具有隔热性好、易清扫等特点。缺点是重量大、易老化、拧螺栓处强度低。

（4）不锈钢集装箱。一般多用不锈钢制作罐式集装箱，优点是不生锈、耐腐蚀好、强度高；缺点是价格高、投资大。

2. 按照集装箱的箱体构造分类

（1）按开门位置不同分为侧开门、前开门、前后开门及顶开门四种形式。前、后、侧开门的集装箱适合于叉车及作业车进入装运或外部装运；顶开门集装箱适合于吊车装运。

（2）折叠式集装箱。四个侧壁和顶板在空箱时可以折叠平放到台座上的集装箱，当需装运时可再支起装成箱。这种集装箱的特点是适于无回头货的单程运输，返运时折叠可减少运力的占用。

（3）拆解式集装箱。顶板、台座和四个侧壁靠组件组装而成，必要时可全部拆解，其特点与折叠式相同。

（4）台架式和平台式集装箱。台架式集装箱是没有箱顶和侧壁，甚至连端壁也去掉而只有底板和四个角柱的集装箱。平台式集装箱是在台架式集装箱上再简化而只保留底板的一种特殊结构集装箱。此类集装箱的特点是可利用各种机械从前后、左右及上方进行装卸作业。

(5) 抽屉集装箱。箱内由一定尺寸的抽屉组成，打开箱门后便可抽出抽屉装取货物，一般是小型集装箱，用于装运仪器、仪表、武器、弹药及贵重物品。

(6) 隔板集装箱。箱内有若干隔板分隔的集装箱，隔板可组合拆卸拼装，适用于装运需分隔的物品。

3. 按照集装箱内适装货物分类

(1) 干货集装箱。干货集装箱也称为杂货集装箱，用来载运除散装液体货或需要控制温度的货物以外的杂货，适用范围很广，如文化用品、日用百货、医药、纺织品、电子机械、仪器及机器零件等。在全部集装箱中，干货集装箱占70%～80%。其结构特点是常为封闭式，具有刚性的箱顶、侧壁、端壁和箱顶，一般设有端门，也可以在集装箱的另一端或侧壁、箱顶开门，为便于货物的装卸，还可以设置活动箱顶或侧壁全开，但当所有的箱门关闭后，即成为密封防水状态。

(2) 通风集装箱。通风集装箱是具有空气调节能力的集装箱，内设通风装置，如排风扇等或在集装箱上装设通风孔、通风栅栏，甚至箱壁采用金属网等通风材料制造，主要用于动植物装运，满足动植物呼吸的要求，保持空气流通。

(3) 保温集装箱。保温集装箱能进行适度的温度控制，其内部有温度控制设备，如制冷机等，为适应保温需要，集装箱体采用隔热保温材料或隔热保温结构。保温集装箱又分冷藏集装箱、低温恒温集装箱及隔热集装箱三类。

冷藏集装箱是能保持-5℃以下温度，使冷冻物品能在箱内完成物流的集装箱，一般采用电力制冷，适合装运冷冻肉类、鱼类等物品。

低温恒温集装箱是能保持一定低温（3～10℃），但不达到冰点，保证箱内物品能在低温下保质、保鲜而不使其冻结的集装箱，适合装运高档水果、蔬菜、鲜肉、鱼类及药品等。

隔热集装箱是能防止温升过大，以在短时间内保持一定低温及保鲜的集装箱。这种集装箱有很好的隔热保温性能，装箱完毕后内置制冷剂或预冷，以其很强的隔热能力保持温度上升缓慢，一般有效时间在2～3天，主要用于短途冷冻物的物流，如城市内冷冻食品运输，也用于较长距离的水果、蔬菜等物品的装运。

(4) 开顶集装箱。开顶集装箱也称敞顶集装箱，这种集装箱的箱顶可以方便地取下、装上。箱顶有硬顶或软顶两种，软顶是用薄钢板制成的，软顶一般是用帆布或塑料布制成的。开顶集装箱适于装载大型、需利用起重机械进行装卸作业的重货，如钢材、木材，特别是像玻璃板等易碎的重货。货物利用吊车从顶部吊入箱内不易损坏，而且也便于在箱内固定。

(5) 台架式集装箱。这种集装箱没有箱顶和侧壁，甚至有的连端壁也去掉，只有底板和四个角柱。台架式集装箱可以从前、后、左、右及上方进行装卸作业，适合装载长大件和重货件，如重型机械、钢材等。台架式集装箱没有防水性，怕湿的货物不能直接装运，可用帆布遮盖装运。

(6) 平台式集装箱。这种集装箱是在台架式集装箱基础上再简化，只保留底板的一种特殊结构集装箱。它主要用于装卸长、重件货物，如重型机械、钢材、整件设备等。平台长度和宽度与国际标准集装箱的箱底尺寸相同，可使用与其他集装箱相同的紧固件和起吊装置。

（7）散货集装箱。这种集装箱用于装运粉状或颗粒状货物，如大豆、大米等。箱顶部设有 2~3 个装货口，在箱门的下部设有卸货口。使用集装箱装运散货，一方面提高了装卸效率，另一方面提高了货运质量，减少了粉尘对人体和环境的侵害。

（8）罐式集装箱（如图 4-1 所示，又称为液体集装箱）。这种集装箱是为运输食品、药品、化工品等液体货物而制造的特殊集装箱。其结构是在一个金属框架内固定上一个液罐，它由罐体和箱体框架两部分组成，装货时货物由罐顶部装货孔进入，卸货时，则由排货孔流出或从顶部装货孔吸出。

（9）汽车集装箱（如图 4-2 所示，简称汽车箱）。这是一种专用来运输各种类型汽车的一种特种集装箱。由于集装箱在运输途中常受各种力的作用和环境的影响，因此汽车集装箱的制造材料需要有足够的刚度和强度，应尽量采用质量轻、强度高、耐用、维修保养费用低的材料，并且材料既要价格低廉，又要便于取得。

图 4-1　罐式集装箱

图 4-2　汽车集装箱

（10）动物集装箱。这种集装箱用来专供装运牲畜。为了实现良好的通风，箱壁用金属丝网制造，侧壁下方设有清扫口和排水口，并设有喂食装置。

（11）服装集装箱，又称挂衣集装箱。这种集装箱在箱内上侧梁上装有许多根横杆，每根横杆上垂下若干条皮带扣、尼龙带扣或绳索，成衣利用衣架上的钩，直接挂在带扣或绳索上。这样不仅节约了包装材料和包装费用，而且减少了人工劳动，提高了服装的运输质量。

4.2.3　集装箱标准

集装箱标准对集装箱的发展有非常重要的作用。整个物流系统化中，集装箱标准也是十分重要的一环。集装箱的标准不仅与集装箱本身有关，也与运输设备、装卸机具有关，甚至与车站、码头、仓库的设施都有关。

集装箱标准有两部分，一部分是硬件标准，一部分是软件标准。硬件标准包括外部尺寸、集装箱重量、集装箱的结构和强度，以及集装箱角件、集装箱门搭扣件的标准等；软件标准包括统一名称术语、作业规则、使用方法、装运方法、代码标志等。目前我国集装箱国家标准目录如表 4-1 所示。

表 4-1　集装箱国家标准目录

代　号	名　称
GB1413—2008	集装箱外部尺寸和额定重量
GB1834—1980	通用集装箱最小尺寸
GB1835—2006	集装箱角件的技术条件
GB1836—1997	集装箱标记代号
GB1992—2006	集装箱名词术语
GB/T3218—1982	5D 型通用集装箱的技术条件和试验方法
GB/T3219—1995	ICC 型通用集装箱的技术条件和试验方法
GB/T3220—2011	集装箱吊具的尺寸和重量系列
GB/T3817—1983	集装箱门搭扣件固货栓和施封护罩技术要求
GB/T5338—2002	1AA、1A 和 1AX 型通用集装箱的技术条件和试验方法
GB/T7392—1998	保温集装箱的技术条件和试验方法
GB/T11601—2000	集装箱港站检查口检查交接标准
GB4290—1984	集装箱运输状态代码
GB11602—2007	集装箱港口装卸作业安全规程
GB/T12418—2001	钢质通用集装箱修理技术条件
GB/T12419—2005	集装箱公路中转站站级划分及设备配备

1. 国际标准集装箱

国际标准集装箱是指根据国际标准化组织（ISO）第 104 技术委员会制定的国际标准来建造和使用的国际通用的标准集装箱。集装箱标准化历经了一个发展过程。国际标准化组织 ISO/TC104 技术委员会自 1961 年成立以来，对集装箱国际标准做过多次补充、增减和修改。到目前为止，国际标准集装箱共有 13 种规格，其宽度均一样（2438mm），长度有四种（12192mm、9125mm、6058mm、2991mm），高度有四种（2896mm、2591mm、2438mm、2438mm）。国际标准集装箱长度中：1A 型 40ft[①]（12192mm）；1B 型 30ft（9125mm）；1C 型 20ft（6058mm）；1D 型 10ft（2991mm）；中间距 i 为 76mm。

不同箱型长度的换算关系为：

$1A = 1B + i + 1D = 9125mm + 76mm + 2991mm = 12192mm$；

$1B = 1D + i + 1D + i + 1D = 3 \times 2991mm + 2 \times 76mm = 9125mm$；

$1C = 1D + i + 1D = 2 \times 2991mm + 76mm = 6058mm$。

2. 国家标准集装箱

国家标准集装箱是指各国政府参照国际标准并考虑本国的具体情况，而制定的本国的集装箱标准。我国现行国家标准《集装箱外部尺寸和额定重量》（GB1413—2008）中，规

[①] 1ft = 0.3048m，全书同。

定了集装箱各种型号的外部尺寸、极限偏差及额定重量。

3. 地区标准集装箱

地区标准集装箱是由地区组织根据该地区的特殊情况制定的，此类集装箱仅适用于该地区，如根据欧洲国际铁路联盟（VIC）所制定的集装箱标准而建造的集装箱。

4. 公司标准集装箱

公司标准是某些大型集装箱船公司根据本公司的具体情况和条件而制定的集装箱标准。这类箱主要在该公司运输范围内使用，如美国海陆公司的 35ft 集装箱。

此外，世界还有不少非标准集装箱。如非标准长度集装箱有美国海陆公司的 35ft 集装箱、总统轮船公司的 45ft 及 48ft 集装箱；非标准高度集装箱，主要有 9ft 和 9.5ft 两种高度集装箱；非标准宽度集装箱有 8.2ft 宽度集装箱等。由于经济效益的驱动，目前世界上 20ft 集装箱越来越多，受到欢迎。

4.3 集装箱的标记

4.3.1 国际标准集装箱的标记

在大宗货物运输中，集装箱起到了不可忽视的作用。根据不同货物种类的运输要求，集装箱的结构、强度、尺寸等也不相同，这样就形成了不同种类的集装箱，这些集装箱在流通中的识别和管理很容易出现问题。为此，国际标准化组织制定了集装箱标记来解决这些问题。国际标准化组织规定的标记有必备标记、自选标记和通行标记三类；其中每一类标记又分为识别标记和作业标记两种。每类标记都必须按规定大小标识在集装箱规定的位置上。具体来说，集装箱上的标记有：箱主代号；箱号或顺序号、核对数字；集装箱尺寸及类型代号；集装箱总量、自重和容积；集装箱制造厂名及出厂日期。其大致位置如图 4-3 所示。

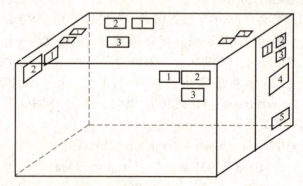

图 4-3 集装箱标记代号的位置

1—箱主代号　2—箱号或顺序号、核对数字　3—集装箱尺寸及类型代号
4—集装箱总量、自重和容积　5—集装箱制造厂厂名及出厂日期

1. 必备标记

（1）识别标记。识别标记包括：箱主代号、设备识别代号或顺序号及核对数字。

① 箱主代号，即集装箱所有人代号。国际标准化组织规定，箱主代号由三个大写的拉丁文字母表示，由箱主自己规定。为防止箱主代号出现重复，所有箱主在使用代号之前应向国际集装箱局（BIC）登记注册。目前国际集装箱局已在 16 个国家和地区设有注册机构。我国北京设有注册机构。国际集装箱局每隔半年公布一次在册的箱主代号一览表。

② 设备识别代号，分别为"U""J"和"Z"三个字母。"U"表示集装箱，"J"表示集装箱所配置的挂装设备，"Z"表示集装箱专用车和底盘车。

箱主代号和设备识别代号一般连续排列，如 ABCU，其中箱主代号为 ABC，设备识别代号为 U。

③ 顺序号，又称箱号，用 6 位阿拉伯数字表示。若有效数字不足 6 位，则在前面加"0"，补足 6 位。如有效数字为 1234，则集装箱号应为 001234。

④ 核对数字，由一位阿拉伯数字表示，列于 6 位箱号之后，置于方框之中。

设置核对数字的目的，是为了防止箱号在记录时发生差错。它是判断箱主代号和顺序号记录是否准确的依据。运营中的集装箱频繁地在各种运输方式之间转换，如从火车到汽车再到船舶等，不断地从这个国家到那个国家，进出车站、码头、堆场、集装箱货运站。每进行一次转换和交接，就要记录一次箱号。在多次记录中，如果发生差错，就会使该集装箱从此"不明下落"。为不致出现此类"丢失"集装箱及所装货物的事故，在箱号记录中设置了一个"自检测系统"，即设置一位"核对数字"。

(2) 作业标记。以下介绍几种主要的作用标记。

① 额定重量和自重标记。集装箱的额定重量（空箱质量）和箱内装载货物的最大容许重量（最大容许质量）之和，即最大工作总重量（Max Cross Mass），简称最大总重，以 R 表示。集装箱的自重（Tare Weight）又称空箱重量（Tare Mass），以 T 表示。它包括各种集装箱在正常工作状态下应备有的附件和各种设备，如机械式冷藏集装箱的机械制冷装置及其所需的燃油；台架式集装箱上两侧的立柱；开顶集装箱上的帆布顶篷等。

最大工作总重量减去自重等于载重，即

$$P = R - T$$

在标出最大工作总重量和自重的同时，还可称出最大净货载（Net Weight），三种质量标出时，规定应以公斤（kg）和磅（lb⊖）同时表示。

② 空陆水联运集装箱标记。空陆水联运集装箱是指可在飞机、船舶、汽车、火车之间联运的集装箱，装有顶角件和底角件，具有与飞机机舱内拴固系统相配合的拴固装置，箱底可全部冲洗并能用滚装装卸系统进行装运。为适应于空运，这种集装箱自重较轻，结构较弱，强度仅能堆码两层，因而国际标准化组织对该集装箱规定了特殊的标志。该标记为黑色，位于侧壁和端壁的左上角，并规定标记的最小尺寸为高 127mm（5in⊖），长 355mm（14in），字母标记的字体高度至少为 76mm（3in）。

③ 登箱顶触电警告标记。凡装有登箱顶梯子的集装箱，应设登箱顶触电警告标记。该标记为黄色底黑色三角形，一般设在罐式集装箱和位于邻近登箱顶的扶梯处，以警告有

⊖ 1lb≈0.45kg，全书同。

⊖ 1in≈2.54cm，全书同。

触电危险。该标记如图 4-4 所示。

2. 自选标记

（1）识别标记。1984 年的国际标准中，识别标记有国家代码，由 2～3 个拉丁字母组成。1995 年的新国际标准中，取消了国家代码。识别标记主要由"尺寸代号"与"类型代号"组成。

① 尺寸代号以两个字符表示。第一个字符表示箱长，其中 10ft 箱长代号为"1"；20ft 箱长代号为"2"；30ft 箱长代号为"3"；40ft 箱长代号为"4"。5～9 为"未定号"。另外，英文字母 A～P 为特殊箱长的集装箱代号。第二个字符表示箱宽与箱高。其中 8ft 高代号为"0"；8ft 6in 高代号为"2"；9ft 高代号为"4"；9ft 6in 高代号为"5"；高于 9ft 6in，代号为"6"；半高箱（箱高 4ft 3in）代号为"8"；低于 4ft，代号为"9"。另外，用英文字母反映箱宽不是 8ft 的特殊宽度集装箱。

图 4-4 登箱顶触电警告标记

② 类型代号（箱型代码）可反映集装箱的用途和特征。类型代号原用两个阿拉伯数字表示，1995 年改为用两个字符表示。其中第一个字符为拉丁字母，表示集装箱的类型。如：G（General）表示通用集装箱；V（Ventilated）表示通风集装箱；B（Bulk）表示散货集装箱；R（Reefer）表示保温集装箱中的冷藏集装箱；H（Heated）表示集装箱中的隔热集装箱；U（Up）表示敞顶集装箱；P（Platform）表示平台集装箱；T（Tank）表示罐式集装箱；A（Air）表示空陆水联运集装箱；S（Sample）表示以货物命名的集装箱。第二个字符为阿拉伯数字，表示某类型集装箱的特征。如通用集装箱，一端或两端有箱门，箱型代码为 G0。

（2）作业标记。常见的自选作业标记有超高标记等。该标记为在黄色底上标出黑色数字和边框，贴在集装箱每侧的左下角距箱底约 0.6m 处，同时还贴在集装箱主要标记的下方。凡高度超过 8.5ft（2.6m）的集装箱必须贴上此标记。

3. 通行标记

（1）安全合格牌照。该牌照表示集装箱已按照《国际集装箱安全公约》（International Convention for Safe Container，简称 CSC 公约）的规定，经有关部门检验合格，符合有关的安全要求，允许在运输经营中使用。安全合格牌照是一块长方形金属牌，尺寸要求不得小于 200mm×100mm，牌上应标有"CSC 安全合格"字样，同时还标有其他内容。在运输经营中使用的集装箱，在安全合格牌照上还必须标明维修间隔的时间。

（2）最大（营运）总重，以 kg 和 lb 表示。

（3）允许堆码重量，以 kg 和 lb 表示。

（4）横向挤拉实验载荷数值，以 kg 和 lb 表示。

（5）集装箱批准牌照。为便于集装箱在各国间的通行，可海关加封运输，而不必开箱检查箱内的货物，联合国欧洲经济委员会制定了一个《集装箱海关公约》，凡符合《集装箱海关公约》规定的集装箱，可以装上集装箱批准牌照，在各国间加封运输。

（6）检验合格牌照。集装箱上的检验合格牌照主要是确保集装箱不对人的生命安全造成威胁。

4.3.2 集装箱自动识别系统

为了增强市场竞争实力，提高运输的效率和服务质量，实现集装箱运输的现代化，20世纪80年代末，一些发达国家研制出了技术先进的集装箱自动识别系统。随着技术的不断完善，目前国际上已有了大量的集装箱自动识别系统投入使用。甚至随着自动识别技术在物流环节中统一标准的研究开发，物流业将成为自动识别技术最大的受益行业之一。

（一）集装箱自动识别系统的构成和工作原理

自动识别系统即射频识别技术（RFID），俗称电子标签技术。射频识别是一种非接触式的自动识别技术，它通过射频信号自动识别目标对象并获取相关数据，识别工作无须人工干预，可工作于各种恶劣环境。

1. 自动识别系统的构成

最基本的自动识别系统由三部分组成：

标签（Tag）：由耦合元件及芯片组成，每个标签具有唯一的电子编码，附着在物体上标识目标对象；阅读器（Reader）：读取（有时还可以写入）标签信息的设备，可设计为手持式或固定式；天线（Antenna）：在标签和读取器间传递射频信号。一套完整的系统还需具备数据传输和处理系统。

集装箱自动识别系统主要由标签、地面识别设备和中央处理设备组成。其中，地面识别设备主要由天线、射频装置和读出计算机组成。

2. 工作原理

其工作原理并不复杂：在标签进入磁场后，接收解读器发出的射频信号，凭借感应电流所获得的能量发送出存储在芯片中的产品信息（Passive Tag，无源标签或被动标签），或者主动发送某一频率的信号（Active Tag，有源标签或主动标签）；解读器读取信息并解码后，送至中央信息系统进行有关数据处理。

（二）集装箱自动识别系统标签的构成及特点

1. 标签的构成

标签是系统的关键部件，由微波天线、反射调制器、编码器、微处理器和存储器等构成。存储器中存有被识别集装箱的有关技术参数和识别信息。

2. 标签的特点

（1）电池供电。标签电路由一个锂电池供电，电池持续工作时间可达12年，电池寿命不受标签被读次数和其他信源射频的影响。

（2）传输距离远。标签电池供电提高了标签的响应率，扩大了读取的距离，最大距离可达73m。

（3）标准化。标签符合国级标准化集装箱技术委员会集装箱自动识别标准，及美国铁路协会（AAR）等组织制定的设备自动识别标准。

（4）在现场和工厂可编程。标签存储器的容量有120bit，可根据现场的需要，在现场或工厂使用标签编程器进行编程。

（5）标签编码安全可靠。标签能用专用于某一顾客或使用单位的特殊安全信息码来编码，安全编码是防止不合法使用标签的一种有效方法。

(6) 适应能力强。标签可适应风、雪、雾、酷热、严寒、振动、冲击、电磁干扰等恶劣环境。

4.4 托盘

4.4.1 概述

托盘是一种用于集装、堆放、搬运和运输的放置作为单元负荷的货物和制品的水平平台装置。以这种结构为基本结构的平板台板和各种在这种基本结构基础上所形成的各种形式的集装器具，都可统称为托盘。

托盘是物流运作过程中重要的装卸、储存和运输设备，常与叉车配套使用，在现代物流中发挥着巨大的作用，使得装卸机械水平大幅度提高，使长期以来运输过程中的装卸瓶颈状况得以改善。因此，托盘的出现也有效地促进了全物流过程水平的提高。

托盘最初是在装卸领域出现并发展的，在应用过程中又进一步发展了托盘作为储存设施、作为一个运输单位的重要作用，是托盘成了物流系统化的重要装备机具，对现代物流的形成和物流系统的建立起了不小的作用。

托盘的出现也促进了集装箱和其他集装方式的形成和发展。现在，托盘已是和集装箱一样重要的集装方式，形成了集装系统的两大支柱。

4.4.2 特点

托盘和集装箱在许多方面是优缺点互补的，因此，难以利用集装箱的地方往往可利用托盘，托盘难以完成的工作由集装箱完成。

(1) 自重量小，因而用于装卸、运输托盘本身所消耗的劳动较小，无效运输及装卸比较集装箱要小。

(2) 返空容易，返空时占用运力很小。由于托盘造价不高，又很容易互相代用，互以对方托盘抵补，所以无需像集装箱那样必有固定归属者，也无需像集装箱那样返空。即使返运，也比集装箱容易。

(3) 装盘容易。不需像集装箱那样深入到箱体内部，装盘后可采用捆扎、紧包等技术处理，使用简便。

(4) 装载量虽较集装箱小，但也能集中一定数量，比一般包装的组合量大得多。

(5) 保护性较差，露天存放困难，需要有仓库等配套设施。

4.4.3 种类及结构

(1) 平托盘。平托盘几乎是托盘的代名词，只要一提托盘，一般都是指平托盘。这是因为平托盘使用范围最广，利用数量最大，通用性最好。平托盘又可细分为三种类型。

① 按照托盘台面分类，可分为单面形、单面使用型、双面使用型和翼形等四种。

② 按照叉车叉入方式分类，可分为单向叉入型、双向叉入型、四向叉入型等三种。

③ 按照托盘材料分类可分为木制平托盘（如图 4-5 所示）、钢制平托盘、塑料制平托盘、复合材料平托盘以及纸制托盘等五种。

（2）柱式托盘。柱式托盘又分为固定式和可卸式两种，其基本结构是托盘的 4 个角有钢制立柱，柱子上端可用横梁连接，形成框架型。柱式托盘（如图 4-6 所示）的主要作用，一是利用立柱支撑重量物，往高叠放；二是可防止托盘上放置的货物在运输和装卸过程中发生塌垛。

图 4-5　木制平托盘

图 4-6　柱式托盘

（3）箱式托盘。箱式托盘是四面有侧板的托盘，有的箱体上有顶板，有的没有顶板。箱板有固定式、折叠式、可卸下式三种。四周栏板有板式、栅式和网式，因此，四周栏板为栅栏式的箱式托盘也称笼式托盘或仓库笼。箱式托盘防护能力强，可防止塌垛和货损；可装载异型不能稳定堆码的货物，应用范围广。

（4）轮式托盘。轮式托盘与柱式托盘和箱式托盘相比，多了下部的小型轮子。因而，轮式托盘显示出能短距离移动、自行搬运或滚上滚下式的装卸等优势，用途广泛，适用性强。

（5）特种专用托盘。由于托盘作业效率高、安全稳定，各国纷纷研制了多种多样的专用托盘。举例几种特种专用托盘如下：

① 平板玻璃集装托盘。它也称平板玻璃集装架，分许多种类。有 L 型单面装放平板玻璃单面进叉式，有 A 型双面装放平板玻璃双向进叉式，还有吊叉结合式和框架式等。运输过程中托盘起支撑和固定作用，平板玻璃一般都立放在托盘上，并且玻璃还要顺着车辆的前进方向，以保持托盘和玻璃的稳固。

② 轮胎专用托盘。轮胎的特点是耐水、耐蚀，但怕挤、怕压，轮胎专用托盘较好地解决了这个矛盾。利用轮胎专用托盘，可多层码放，不挤不压，大大地提高装卸和储存效率。

③ 油桶专用托盘。这是专门存放、装运标准油桶的异型平托盘。它的双面均有波形沟槽或侧板，以稳定油桶，防止滚落。其优点是可多层堆码，提高仓储和运输能力。

（6）滑板托盘：在一个或多个边上设有翼板的平板。这种托盘用于搬运、存储或运输单元载荷形式的货物或产品的底板。

（7）植绒内托。这是一种采用特殊材料的吸塑托盘，将普通的塑料硬片表面粘上一层绒质材料，从而使托盘表面有种绒质的手感，用来提高包装品档次。

4.4.4 使用及管理

1. 托盘的使用

（1）托盘联运。托盘联运是托盘的重要使用方法。托盘联运又称一贯托盘运输，其含义是：从发货人开始，通过装卸、运输、转运、保管、配送等物流环节，将托盘货体原封不动地送达收货人的一种"门对门"运输方法。

由于采用了托盘，在物流过程中的各个环节，可以以托盘货体整体作为处理对象，而不需逐个处理每件货物，这样就可以大大减少人力装卸的次数，节省劳务费用，防止事故及货损的发生，节省包装及包装费用，提高物流速度，取得很好的效果。

托盘联运是一个社会化问题，很难在一个行业、一个部分或一个小地区内自行解决。因此，要解决托盘联运问题，必须实行全社会统一的托盘技术标准和托盘管理制度。

实行联运的托盘有固定的尺寸标准和有限的种类，不是书本中列举的所有托盘都进入联运的种类，所以，实行托盘联运也就限制了托盘在专业领域和特殊的运用。非联运托盘必然有其应用领域和存在的优势。

我国联运托盘的规格尺寸和国际标准化组织规定的通用尺寸是一致的，主要有三个规格：

$$800mm \times 1000mm$$
$$800mm \times 1200mm$$
$$1000mm \times 1200mm$$

联运托盘都采用平托盘，以便于叉车、货架、仓库的标准化作业。

（2）托盘专用。各个产业领域，各个小流通领域，各工厂、车间、仓库内部都有提高工效、追求物流合理化问题，因此，托盘专用也是托盘使用的宽广领域中不可忽视的领域。

托盘专用就是按某一领域的要求，在这一领域的各个环节，采用专用托盘作为贯通的手段，实际上是这一个小领域的托盘联运。

托盘专用则可按这一领域的特殊性选择和设计效率最高的专用托盘，而无需照顾社会物流标准化的要求，因而托盘的选择更合理，在这一领域中有别的领域无法比拟的技术经济效果。

在较大的托盘自用领域也可参照托盘联运的管理方式，组织托盘交换，以在这一领域中用尽可能少的托盘解决问题。

但是，专用托盘的流通，有时要配以专用机具、设施，会降低这些机具设施的使用效率，限制了它的发展，这是专用托盘的缺点。

在工厂物流系统中，为配合流水线作业，专用托盘使用领域也很广泛。如汽车工厂的零部件专用托盘，其流程是托盘装入零部件后，进入立体仓库保管，按装配计划，从立体仓库取出托盘进入装配流水线，内置的零件在一定装配位置装配完后，空盘再回送至供应部门，如此往复使用。

2. 托盘的管理和联运体系

托盘在联运系统中的管理和集装箱有很大的不同，主要在于联运托盘种类少，尺寸及材料大体相同,托盘价格相差不大,因此,不需像集装箱那样严格计划返运,不需像集装箱那样有明确的不可变的归属。基于这个特点,托盘可只保留一定数量的归属权,具体托盘则可在联运系统中广泛进行交换,而不强调个别托盘的归属和返盘。

4.4.5 托盘自动化输送系统

托盘自动化输送系统是自动化仓库的重要组成部分,它具有将各物流站衔接起来的作用。在衔接人与工位、工位与工位、加工与存储、加工与装配等物流环节的同时,它也具有物料的暂存和缓冲功能。对托盘自动化输送系统的合理运用,可使各工序之间的衔接更加紧密,提高生产效率,这是物流环节中必不可少的调节手段。

在自动化仓库的出入库系统中,托盘自动化输送系统的功能一般包括输送、接收、处理和存储物料,以及尺寸检查、称重和自动识别等。托盘自动化输送系统通常有以下几种模式:

(1) 输送机模式。所谓输送机模式,就是由各种自动输送机组成的托盘自动化输送系统。托盘输送机有辊道式、链式、滚轮式、板式、升降台等多种形式。在自动化仓库系统中,为了满足系统对托盘货物中能力要求,一般选用运输效率较高的辊道式、链式输送机组成托盘自动化输送系统。根据自动输送的需求,可以用单一的类型的输送机组合成具有特定功能的托盘自动化输送系统,也可以根据需要,由几类输送机混合组成具有特定功能的托盘自动化输送系统。

输送机模式的优点是:①为连续输送方式,输送能力大。它可以不间断地输送,其装载和卸载均是在输送过程不停顿的情况下进行的,不必因空载而导致输送间断,同时由于不经常启动和制动,故可采用较高的输送速度,其组成输送机的电器元器件的可使用寿命长。②结构比较简单。其动作单一,结构紧凑,自身重量较轻,造价较低,因受载均匀,速度稳定,工作中所消耗的功率一般比较小且变化不大。③单台输送机的长度可加长,而多台输送机可组成长距离的输送线路,而且便于实现程序化控制和自动化操作。④在输送线上能够很方便地处理物料缓存功能。

其缺点是:通用性较差,必须按整条输送路线布置输送机,输送设备多,输送路径复杂,属于刚性运输范畴,不宜作运输路线的更改,造价比往复式穿梭车高,通常为了满足运输能力需要,需要很多设备组合成出入库通道,占地面积过大。

(2) 往复穿梭车模式。往复穿梭车是一种新型的有轨物料搬运车,在固定的轨道上快速穿梭运行,完成物料的搬运工作。在一些特殊条件下,由往复穿梭车组成的自动化物料搬运系统,十分简便。如在多巷道的立体库外面,为了完成托盘出入库自动化作业,通常需要托盘相对于巷道作横向输送,采用往复穿梭车来实现是一种理想的模式。

往复穿梭车模式变输送机模式的连续输送为间歇快速输送,变刚性运输为半柔性输送。为了完成托盘出入库自动化作业,通常需要托盘相对于巷道作横向输送,采用往复穿梭车来实现十分方便。这种模式的特点是:系统简单明了,设备少,占地面积小,输送快捷,穿梭车上可设计自动取货装置,可以输送质量较大的托盘货物。

其缺点是:往复穿梭车的运输能力有限,对于规模大的立体库,不宜采用此方式,因为容易形成出库运力瓶颈,影响立体库系统的运行。另外,系统的可靠性受单台往复穿梭车的可靠性牵制过大,如果穿梭车发生故障,整个系统就无法完成入库作业。因此,提高穿梭车的可靠性尤为重要。

(3) 环形穿梭车模式。采用环形穿梭车即可将托盘进行横向输送,也能进行纵向输送,可以多台穿梭车同时工作,输送能力较强。

环形穿梭车模式是从往复式穿梭车模式发展而来,穿梭车在平面内呈环状布置,可以同时运行多台穿梭车,克服了往复穿梭车模式可能产生运行瓶颈的缺陷,但仍有保持复式穿梭车的优点。采用环形穿梭车可根据需要即可将托盘进行横向输送,也能进行纵向输送,可以多台同时输送,输送能力较强。但是,平面布置的环形穿梭车模式具轨道比较复杂,造价高,同时采用无线通信对其进行调度,技术难度较大。

(4) AGV 模式。采用 AGV 构成的自动化输送系统 AGVS,可将托盘进行柔性化输送,输送距离较远。

AGV 模式是中高柔性的托盘自动化输送系统。堆垛机与出入库口的输送站台相连接,AGVS 则与输送站台相连接。AGV 可以在计算机系统的自动调度下,把物料运输延伸到生产线的各个环节,具有完善的智能化能源供给系统以及各种安全保障系统,所以,有人说"AGV 是不知疲倦的搬运工"。而且当需要作生产工艺的变革时,先进的 AGVS(如激光导引运输车系统 LGVS)只需简单地进行计算机程序的更改,就可以继续使用,这对保护用户的投资十分有益。这种模式唯一的缺点是成本较高。

4.4.6 输送模式的选择

对于具体的自动化仓库系统的托盘自动化输送系统的实施,需要根据实际,具体问题具体分析。以上所述的多种自动化运输模式,各有其优缺点,系统设计时首先必须明确搬运系统的需求目标。如何选用性价比高的、理想的输送模式,以下因素非常重要:

(1) 考虑对输送物品及托盘的特定要求。有的物品需要设计专门的输送机。

(2) 满足运输能力需求。自动化立体仓库的出入库能力必须与托盘自动化输送系统的运输能力相匹配,正常情况下,要求托盘自动化输送系统的运输能力略高于自动化立体仓库的出入库能力。

(3) 经济性。在满足需求的前提下,应采用比较经济的输送模式,以免造成不必要的浪费。

4.5 其他集装方式

4.5.1 货捆

货捆是依靠捆扎将货物组合成大单元的集装方式。

许多条形及柱形的强度比较高的、无需防护的材料,如钢材、木材,各种棒状、柱状建材,还有能进行捆扎组合的铝锭、其他金属锭等,采用两端捆扎或四周捆扎的方式,可以组合成各种各样的捆装整体。

4.5.2 集装袋

集装袋是一种袋式集装容器，它的主要特点是柔软、可折叠、自重轻、密闭隔绝性强。

集装袋的制作材料，是各种高强度纺织材料，表面涂覆橡胶或塑料材料复合而制成。主要的基布材料是聚丙烯纺织材料，也有采用天然纤维织帆布材料；表面涂覆材料有 EVA 塑料、乳胶、聚丙烯及聚氯乙烯等。

由于现代化学工业的发展，人造纤维材料已有了很大强度，因此可制成大型的、大容积的包装容器。

采用集装袋有利于粉状、颗粒、块状等难于处理的物品的运输，而且可提高装卸效率，降低费用和减少物流损失。由于集装袋体轻又可折曲，所以比同样用途的金属容器，更易于处理，在返空、清洗、存放方面更有优势。

集装袋有如下种类：

(1) 按照集装袋形状不同可分为圆筒形（如图 4-7a 所示）和方形（如图 4-7b 所示）两种。

a) 圆筒形集装袋　　　　b) 方形集装袋

图 4-7　集装袋

(2) 按照适装物品形状，可分为粉粒状集装袋和液体集装袋两种。

(3) 按照吊带设置方式不同，有：顶部吊带，吊带在顶部袋口处（如图 4-8 所示）；底部托带，四根吊带从底部托过从上部吊运；无吊带。

(4) 按照装卸方式，分为上部装料下部装料两个口、上部装料并卸料一个口两种。

(5) 按照集装袋的材质不同，可分为涂胶布袋、涂塑布袋、交织布袋三种。

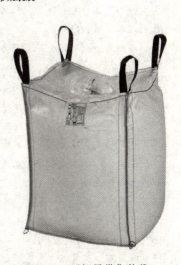

图 4-8　顶部吊带集装袋

拓展阅读

2020年中国集装箱运量达铁路货运量20%左右

中国交通运输部于2017年5月23日披露，国家发改委、交通运输部、中国铁路总公司已联合印发《"十三五"铁路集装箱多式联运发展规划》（简称《规划》），预计到2020年，中国集装箱运量达到铁路货运量20%左右，其中，集装箱铁水联运量年均增长10%以上，中欧班列年开行5000列左右。

根据《规划》，"十三五"期间，中国将提升传统运输通道能力，研究构建北京—天津—沈阳—哈尔滨、北京—上海等双层集装箱运输通道，有序推进面向全球、连接内陆的国际运输通道建设；优化集装箱场站布局，强化枢纽衔接配套，加快推进上海、宁波舟山、广州等港口疏港铁路建设；推进内陆港建设，打造完整的国际联运和铁水联运系统，促进一体化通关。同时，强化多式联运组织衔接，加强铁水联运衔接，优化公铁联运模式，完善集装箱供需体系，加强运输时效性管理。

在技术装备与信息共享方面，中国将大力发展20ft、40ft国际标准集装箱，研发应用适应市场需求的内陆集装箱，重点发展集装箱专用车，加快研发多式联运设施设备；构建信息共享服务平台，加强物联网、云计算、大数据等技术应用，建立铁水联运信息共享机制，打造"互联网+"服务模式，研究开发面向客户的多样化信息服务产品。

本章小结

物流标准化与集装单元化是实现物流机械化的基础，也是物流现代化的基础，因此受到了人们的普遍关注。本部分重点介绍了物流标准化的概念、集装单元化的概念，以及实现集装单元化的基本手段。物流集装器具技术的发展是非常迅速的，同时，在物流系统设计中，物流集装单元设计是第一步，因此，应该引起读者的关注。

 小资料

集装箱班轮公司的物流战略

毋庸置疑，在全球贸易舞台上"戏份"日趋显要的集装箱班轮运输，为现代物流的发展提供了重要支持和有益的经营理念，而利用自身优势，逐步成为海上班轮公司不约而同的选择，比如马士基、日本邮船、中远等等。

在新一轮的"轮化"竞争中，能否制订和实施与时俱进的物流战略，成为对集装箱班轮公司的重大考验。

"最无利可图的一段"

经历了几十年的激烈竞争之后，国际集装箱班轮运输市场的特点十分鲜明。随着竞争与分化的演变，这个行业形成了由大型轮班轮公司和班轮公会领导行业的垄断特征，运输资源配置基本实现了集约化、规模化。各大班轮公司均拥有标准化、集约化的运输工具，比如集装箱船、集装箱、集装箱货车、装卸作业机械设备等。在经营中，班轮公司也通常使用标准化的贸易条款和运输条款，标准化的服务方式和流程。总而言之，这是一个非常成熟的行业，对于被服务对象来说，从班轮公司得到的运输服务通常是有效、安全的。

与此同时，班轮运输行业内的竞争非常激烈，多数班轮公司长期处在高投入、低回报的经营状态。尤其是近10年来集装箱班轮公司之间的激烈竞争，已使单纯的"CY-CY"区段运输不但是微利，甚至经常亏损，集装箱班轮运输成为物流供应链几乎"最无利可图的一段"。

我们很容易看到的一种现象是，综合物流服务的总订单经常由无船物流服务商（含无船承运人、租船人、货运和货代企业等）掌握，船公司通常只取得海运段的分包运输。无船物流服务商利用其长期在海运段之外的经营优势，通过整合利用和分包采购各项物流资源，控制了综合物流市场的重要份额。大型物流公司通过直接和制造商合作、合资的方式，逐渐控制高成长和高利润的高端物流市场，比如高科技产品和汽车物流，进一步挤占传统班轮公司的综合市场份额和盈利空间。

无船物流服务商由于其服务范围广、经营风险低，盈利水平可能远高于传统班轮公司。相比之下，传统班轮公司仅以海运业务为主，服务范围有限，利润来源单一，受市场运价水平和变动成本水平波动的影响最为直接，又没有其他相关业务进行收益补充，长期处于经营风险高、盈利水平低的状态。

抛弃"船东本位"思想

随着一体化物流理念的发展，市场对服务提供商提出了更高的要求。比如，新型的生产和消费方式，客户要求高标准的物流服务；供应链的完善，需要"门到门"或参与到整个采购、生产、销售和消费过程的"一站式"综合物流服务；不同行业、客户和产品的多样性，要求个性化多样化而不仅仅是标准化的物流服务；需要多种运输和多个行业结合，甚至包括加工、包装和购销的综合物流服务等。

"逆水行舟，不进则退。"如果固守既有阵地，不革新传统生产方式，不扩大服务范围，不提供多样化的综合服务，传统的集装箱班轮运输有可能变为"夕阳产业"，而能够提供综合一体化物流服务的企业将是物流（或运输）市场的真正赢家，这也成为班轮运输企业可持续发展的迫切要求。

集装箱运输的发展正如日中天，班轮公司也并没有被时代"抛弃"，但要实现物流战略的成功转型，必须对自身的优势与软肋进行重新评估。

班轮公司的优势可以归结为四个方面：拥有和控制成规模的集装箱班轮船队以及辅助设施，这是开展班轮物流的坚实物质基础；与普通物流企业相比，拥有相对完善的跨国业务分支机构和代理网络；拥有高素质的专业管理队伍，熟悉国际化的企业经营管理；拥有成规模的、与运力投入相匹配的长期客户群。

班轮公司的软肋也有四处：现有运输网络和经营经验以国际集装箱海运为主，缺乏综合物流网络和经营经验，例如在传统海运主业之外，传统班轮公司缺乏仓储、配送、汽运、铁路、空运等业务优势；亟需培养真正的复合型物流管理和销售队伍，从单纯的班轮经营管理提高到综合物流经营管理层面；"强龙压不住地头蛇"，传统班轮公司缺乏在国际、国内与海运行业以外的本土物流运输企业的竞争和合作经验；部分传统班轮公司的经营、业务范围和技术水平还不能适应经济和贸易的最新发展需求，无法提供综合性的物流服务，难以形成综合竞争力。

尤其值得注意的一点是，"船东本位"思想使部分企业不重视研究和开拓综合增值服务，忽视了"CY（集装箱堆场）–CY"运输区段之外的广阔市场空间。因此，班轮公司如要保持可持续发展，就必须尽快更新理念，打破这种孤立的业务体系，形成一个依托班轮主业的综合性物流服务体系。

"没有船队也能盈利"？

搞清楚了自身的定位，集装箱班轮公司有必要更新经营理念，准确定位发展班轮物流的基本目标和主要内容。在此前提下，结合自身航运主业情况，研究 CY–CY 服务区段之外物流环节的市场情况、行业习惯、与航运主业的相关度，制订可行的班轮物流发展规划和实施手段，并根据市场需求和企业自身情况适时调整生产和管理模式，甚至经营战略。例如，一家班轮公司把近期目标定位在"开展增值服务补贴主业效益"，远期目标定位在"没有船队也能盈利"。

除此之外，班轮公司还要改造业务流程和信息流程，把以班轮运输为服务对象的流程改为以物流客户为服务对象的流程，释放现有班轮船队的生产潜力，释放现有营销队伍和服务网络的销售潜力，以合作、合营、合资等方式逐渐参与相关物流服务，利用和整合市场上现有的物流资源，为我所用，建立以海上集装箱运输为主的综合、完整的物流服务链。例如，建立自有或外包的跨行业（航运、货代、仓储配送等）经营管理队伍和信息系统，可以提高每个节点的运作效率，缩短操作时间，提高服务质量，从而降低整个供应链的周期时间和运作成本，改善客户满意度。

需要注意的是，班轮公司传统的经营管理理念并不适用于综合物流服务内容的多样化和复杂性。而且，对于绝大多数班轮公司来说，应当发挥航运优势，以集装箱运输为核心，逐步开展综合物流服务，避免追求小而全或大而全的物流服务方式，或者盲目地搞两头延伸。此外应当避免只重视传统和低端的业务领域、忽视个性化特色服务和边缘市场机会，例如冷藏货、液体化工品、危险品、展品运输、集装箱和散货地运输方式的混合利用等新型业务。

实训练习

1. 解释下列术语

集装化　托盘　集装箱

2. 简答题

(1) 集装箱是如何进行分类的？国际标准集装箱有哪些尺寸规格？

(2) 简述托盘的种类、特点和标准化情况。

(3) 集装单元器具的选择应考虑哪些因素？集装单元器具的数量如何确定？

3. 拓展思考

通过查阅资料，提出自己的看法，谈一谈集装箱自动识别系统在物流系统中的优势。

第 5 章 物流运输技术与装备

问题的提出

1. 什么是铁路枢纽？铁路枢纽包括哪些设施设备？
2. 公路运输的概念、功能与特点是什么？
3. 航空运输的特点是什么？机场的组成有哪些？
4. 水上运输的含义与特点是什么？港口设施有哪些？

本章导入

根据中国交通运输部于 2016 年 05 月 06 日下发的《2015 年交通运输行业发展统计公报》，截止到 2015 年年末，全社会完成货运量 410.00 亿 t、货物周转量 173689.76 亿 t·km。

1. 铁路

全国铁路完成货运总发送量 33.58 亿 t，货运总周转量 23754.31 亿 t·km。全国铁路货车拥有量为 72.3 万辆。年末全国铁路营业里程达到 12.1 万 km，比上年末增长 8.2%。全国铁路机车拥有量为 2.1 万台，其中内燃机车占 43.2%，比上年下降 1.8 个百分点，电力机车占 56.8%，比上年提高 1.8 个百分点。

2. 公路

全国营业性货运车辆完成货运量 315.00 亿 t、货物周转量 57955.72 亿 t·km，比上年分别增长 1.2% 和 2.0%，平均运距 183.99km。全国拥有公路营运汽车 1473.12 万辆，拥有载货汽车 1389.19 万辆、10366.50 万吨位。普通货车 1011.87 万辆、4982.50 万吨位；专用货车 48.40 万辆、503.09 万吨位。

年末全国公路总里程 457.73 万 km，比上年末增加 11.34 万 km。各行政等级公路里程分别为：国道 18.53 万 km（其中普通国道 10.58 万 km）、省道 32.97 万 km、县道 55.43 万 km、乡道 111.32 万 km、专用公路 8.17 万 km，比上年末分别增加 0.61 万 km、0.69 万 km、0.23 万 km、0.81 万 km 和 0.14 万 km。全国高速公路里程 12.35 万 km，比上年末增加 1.16 万 km。其中，国家高速公路 7.96 万 km，增加 0.65 万 km。全国高速公路车道里程 54.84 万 km，增加 5.28 万 km。

3. 水路

（1）内河航道。全国完成水路货运量 61.36 亿 t、货物周转量 91772.45 亿 t·km，比上年分别增长 2.6% 和减少 1.1%，平均运距 1495.72km。在全国水路货运中，内河运输完成货运量 34.59 亿 t、货物周转量 13312.41 亿 t·km；沿海运输完成货运量 19.30 亿 t、货物周转量 24223.94 亿 t·km；远洋运输完成货运量 7.47 亿 t、货物周转量 54236.09 亿 t·km。

年末全国内河航道通航里程 12.70 万 km，比上年末增加 721km。等级航道 6.63 万 km，占总里程 52.2%，提高 0.4 个百分点。其中，三级及以上航道 11545km，五级及以上航道 3.01 万 km，分别占总里程 9.1% 和 23.7%，分别提高 0.5 个和 1.2 个百分点。

各等级内河航道通航里程分别为：一级航道1341km，二级航道3443km，三级航道6760km，四级航道10682km，五级航道7862km，六级航道18277km，七级航道17891km，等外航道6.07万km。各水系内河航道通航里程分别为：长江水系64852km，珠江水系16450km，黄河水系3488km，黑龙江水系8211km，京杭运河1438km，闽江水系1973km，淮河水系17507km。年末全国拥有水上运输船舶16.59万艘，净载重量27244.39万t，增长5.7%；平均净载重量1642.16t/艘，增长9.5%；集装箱箱位260.40万TEU，增长12.3%；船舶功率7259.68万kW，增长2.8%。

（2）港口。全年全国港口完成货物吞吐量127.50亿t，比上年增长2.4%。其中，沿海港口完成81.47亿t，内河港口完成46.03亿t，分别增长1.4%和4.2%。

年末全国港口拥有生产用码头泊位31259个。其中，沿海港口生产用码头泊位5899个，增加65个；内河港口生产用码头泊位25360个。全国港口拥有万吨级及以上泊位2221个，比上年末增加111个。其中，沿海港口万吨级及以上泊位1807个，增加103个；内河港口万吨级及以上泊位414个，增加8个。全国万吨级及以上泊位中，专业化泊位1173个，通用散货泊位473个，通用件杂货泊位371个，比上年末分别增加59、32个和11个。

4. 民航

初步统计，民航全年全国完成货邮运输量625.3万t，货邮周转量207.27亿t·km，比上年分别增长5.3%和10.4%。民航运输机场完成货邮吞吐量1409.4万t，比上年增长3.9%。

年末共有颁证民用航空机场210个，比上年末增加8个，其中定期航班通航机场206个，定期航班通航城市204个。年货邮吞吐量达到10000t以上的有51个，比上年增加1个。

5.1 铁路运输技术与装备

5.1.1 铁路运输的特点

铁路运输在人类历史文明上起着至关重要的作用。一方面，由于铁路的铺设使得人类可以开发更多的资源，再利用这些开发出来的资源丰富人类的生活，致使科学技术更加发展；另一方面，由于科技的发展改善了铁路运输的技术层次，使铁路在行车控制与能源利用效率方面都更加趋于完善。

铁路运输作为目前重要的地面运输方式。其主要特征表现在如下几方面。

（1）运量大、运价低廉且运距长。铁路运输因采用大功率机车牵引列车运行，可承担长距离、大运输量的运输任务，而且由于列车运行阻力小，能源消耗量低，故系统价格低廉。

（2）行驶具有自动控制性。铁路运输由于具有专用路权，而且在列车行驶上具有高度导向性，因此可以采用列车自动控制方式控制列车运行，以期达到车辆自动驾驶的目的。目前最先进的列车已经可以通过高科技计算机的控制，使列车的运行达到全面自动化，甚至无人驾驶的地步，从而可以大大提高运输安全性能，减轻驾驶员的劳动强度。

（3）有效使用土地。铁路运输因为以由客、货车组成的列车为基本运输单元，故可以在有限的土地上进行大量的运输，较之公路可以节省大量的土地，使土地资源达到最有效的利用。

（4）污染性较低。铁路的污染性较公路为低。在噪声方面，铁路所带来的噪声污染，不仅较公路低而且是间断性的；而汽车在城市道路上则是持续性的高噪声污染。在空气落尘方面，据美国在1980年所做的测定，铁路的落尘量约为公路的75%。

(5) 受气候限制小。铁路运输由于具有高度导向性，所以只要行车设施无损坏，在任何气候条件下（如下雨、下雪）均可安全行驶，故铁路是营运可靠性很高的运输方式。

5.1.2 铁路运输的基本设施

1. 铁路线路设施

(1) 路基与道砟。路基是指用于铺设铁轨设施的路面。为了适合铁轨铺设，原有的路面过高者必须挖掘成路堑，过低者必须填筑使之成为路堤。道砟则是指铺设于路基上的碎石，其主要作用在于均匀分散轨枕所传来的列车压力，使其均匀地分布于路基上。若遇雨天时，道砟更可利于排水，避免轨枕积水妨碍行车安全。

(2) 钢轨与轨枕。钢轨是铁路设施中列车行驶的支撑设施。列车通过车轮与钢轨的摩擦得以前进、减速并制动停车，所以钢轨的材质对于行车安全而言尤为重要。就传统铁路的行车经验而言，单位长度越重的钢轨越能承受车轮的重压，适合高运量列车行驶。一般钢轨的分类用单位长度重量来表示，英美制用钢轨每码长的磅数（lb/码）表示，公制则以每米长的公斤数（kg/m）表示。据此，可将钢轨分为下列三个等级：轻型钢轨，重量为70~90lb（31~40kg），适用于运量较小的支线；中型钢轨，重量为100~127lb（45~57.5kg），适用于普通路线；重型钢轨，重量为110~152lb（50~69kg），适用于大运量的干线。

至于轨距，则是指两条平行钢轨的内侧距离，可分为宽轨、标准轨和窄轨三类。标准轨宽为1.435m，凡轨宽大于此数者属宽轨，小于此数者为窄轨。例如，我国大陆的铁路主要采用标准轨距，而我国台湾省的铁路则采用窄轨铁路，轨距为1.067m；俄罗斯、芬兰等国家使用1.52m的宽轨系统。轨枕是铺设于钢轨下面的坚固耐用物体，可以使两轨之间得以保持一定的轨距，以确保行车安全，并承受列车行驶所产生的压力。一般而言，轨枕必须具有良好的弹性以减少列车行驶所产生的剧烈震动，并增加旅客乘坐的舒适性。目前铁路运输系统上所使用的轨枕，依材质不同分为木枕、钢枕及混凝土枕三种，其中以木枕的性能为最佳。

(3) 道岔。行驶中的列车若驶向其他路线，必须在不同路线的钢轨会合处装上特殊的装置，用以引导车轮进入他轨。这种装置即为道岔。铁路列车经过道岔时，通常须降低行车速度，因此可能造成运行时间的延长。

(4) 信号。铁路运输中列车必须遵循信号的命令行驶，以确保行车安全。目前，营运中的铁路列车大多装有自动停车装置，若司机不遵守信号列车，列车自动停车装置将迫使列车停止前进。所以列车司机必须在行驶中仔细注意信号，依指示行车，以免发生严重的行车事故。一般来说，铁路信号可分为臂板信号、色灯信号和驾驶室信号（即机车信号）三类。

2. 车站

车站按其技术作业性质可分为中间站、区段站、编组站；按业务性质可分为客运站、货运站、客货运站。中间站和区段站是路网上的综合性车站，主要办理本线列车的通过、终到、始发和客货运作业，区段站还办理少量的列车解体编组作业。而编组站、客运站、货运站是铁路枢纽内分别专门办理车（列）流组织、旅客运输和货物作业的专业站。在一些书籍中，还把区段站和编组站统称为技术站。

在铁路网的干线交叉点或衔接点（三个及以上方向交叉衔接），为办理各方向线路（本线）及其线路间（转载）的客货车流的中转、始发和终到作业，除需要设置各类车站外，还要修建各车站间、各线路间的联络和交叉设备。这些车站和设备的综合体，称为铁路枢纽。旅客的乘降、货流的集散、车列的到发和解编乃至机车及乘务组的更换、车辆技术状态的检查等，均在车站办理。因此，车站上应有办理上述各项业务所必需的设备，包括专门用途的线路和技术装备。随着地方经济的发展、干线行车量的增长、新线或工业企业线的引入，以及牵引动力的改造及新技术的应用，这些车站设备还需要不断地扩建。做好枢纽总图规划、合理设计车站、合理配备和运用各项设备，能加速客货送达及机车车辆周转，降低运输成本及工程投资，是铁路运输畅通的保证。

车站内有众多线路，这些线路与设备相互配合、相互连接，形成各类车站布置图，即站场图形。

车站线路按其用途分类如下：
（1）正线：站内与区间线路直接连通的线路，供接发列车用。
（2）货物线：办理货物装卸作业的线路。
（3）牵出线：供解体、编组车列牵出用的线路。
（4）调车线：供分解车辆停留、集结用的线路。
（5）机车走行线：在站内供机车（本车机车或调车机车）行走用的线路。
（6）机车出入段线：车站连通机务段的线路。
（7）存车线：供停放车辆用的线路。
（8）安全线和避难线：特殊情况下为保证行车安全而设置的线路。
（9）工业企业线：车站接轨通向工业企业，专为工业企业取送车服务的线路。
（10）段管线：机务段、车辆段等部门内，用于机车车辆整理、检修用的整备线、停留线、走行线等。这些线路在各类站场中有不同的组合。

5.1.3　铁路货运站与货场

铁路枢纽中专门办理货物运输的专业站称为货运站（货物站）。货运站应设在枢纽内与编组站联系便捷，同时又与城市公路交通衔接方便的地方。在一般车站内设置办理货运业务的场所，称为货场。货物站、货场都是物流货源的集散地。

1. 铁路货运站

货运站的主要作业有转运作业、货运作业和装卸搬运作业。货运站的运转作业又包括小运转的接发和调车作业。小运转列车负责本站作业（装、卸）车的取送，调车作业主要是向装卸地点对货位和取送装卸完了的本站作业车组织成小运转列车。货运作业通常包括承运发送作业、到达交付作业和中转作业等。装卸搬运作业是指按照作业计划把车辆上的货物卸下，搬运堆放到指定的地点、货位，或者相反。

（1）按办理货物的种类及服务对象分类。按办理货物的种类及服务对象，货运站可分为如下几类：

① 综合性货运站，即办理多种品类货物作业的车站。此类车站主要为工厂、企业、机关及城市居民服务，办理各种货物整车、零担发到作业以及专用线作业。站内一般都有较大的货场。其设置地点要满足与编组站连接顺直且取送车辆便捷，与城市交通衔接好，场地宽敞，尽量靠近城市。

② 专业性货运站，即只办理一种或两种货物作业的车站。办理的货物主要是大宗货物，如煤、木材、矿石、石油或危险品货物等。专业性货运站通常应设在远离城市的地方。

③ 集装箱站，即办理集装箱承运、交付、装卸、堆存、装卸箱、门对门作业，并组织集装箱专列等作业的车站。

(2) 按办理货物装卸作业的性质分类。按办理货物专业作业的性质，货运站可分为如下几类：

① 装车站。此类车站装车作业大于卸车作业，经常需要大量空车，通常是大宗货物发送的车站，如煤、木材、矿石、石油、矿物性建筑材料等的发送站。

② 卸车站。此类车站卸车作业大于装车作业，经常排出大量空车。位于工业企业附近的车站及位于大城市的综合性货运站，大多属于此类。装车站和卸车站通常是大宗货物的集散地，设置应该接近货源或卸车点，也可以专用线与编组站连接。

③ 装卸站。此类车站装卸车作业次数大致相等，双重作业比重较大。位于中小城镇的中小型货场的装车作业与卸车作业一般相差不大，大多属于此类。

④ 换装站。此类车站以办理不同运输工具之间的货物换装作业为主。港口站、国际铁路联运的国境站、不同轨距铁路联轨站、集装箱中转站都属此类。

(3) 按与正线连接的方式分类。按与正线连接的方式，货运站分类如下：

① 尽头式货运站，即车站到发货场仅一端连接正线的车站。

② 通过式货运站，即车站到发货场两端都与正线连接的车站。

2. 铁路货场

(1) 分类。铁路货场通常按四种方法分类：

① 按办理的货物品类可分为办理多种品类货运作业的综合性货场和专门办理某些品类货运作业的专业性货场（如专办危险品、易腐货物或活动物的货场）。

② 按货运量可分为大型货场、中型货场和小型货场（中国铁路规定：年度货运量在30万t以下者为小型货场；30～100万t者为中型货场；超过100万t者为大型货场）。

③ 按办理货物运输的种类可分为整车货场、零担货场和兼办整车、零担（有的还包括集装箱）作业的货场。

④ 按线路配置图形可分为尽头式货场、通过式货场和混合式货场。

(2) 铁路货场主要设备。根据车站货运量的大小及办理货物的种类，货场内设置下列设备：

① 配线，包括装卸线、行车线、牵出线、轨道行线等。

② 场库设备，包括仓库、雨棚、货物站台、堆货场等。

③ 办理冷藏车加冰的车站设有加冰所，应配置制冰、储冰设备和加冰、加盐设备。

④ 装卸牲畜较多的车站应设牲畜装卸及饮水设备。

⑤ 货车洗刷及消毒设备。

⑥ 各种装卸机械及检修设备。

⑦ 检斤设备，包括磅秤、汽车衡（地磅）、轨道衡、电子秤等。

⑧ 货场用具，包括装卸作业和货物保管所需的各种用具，如跳板、防湿枕木、防湿篷布等。

⑨ 房舍，包括货运室、装卸工人休息室、装卸机械修理所、门卫室及其他生活用房。

（3）货运站布置。货运站是由车场和货场所组成的。尽头式货场、通过式货场和混合式货场有不同的布置方式。

① 尽头式货场：货物装卸线为尽头式（如图 5-1 所示）。

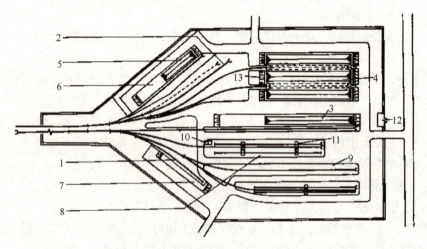

图 5-1　尽头式货场

1—货物线　2—存车线　3—仓库　4—雨棚　5—危险货物仓库　6—普通货物站台　7—端式货物站台
8—笨重货物及集装箱堆放场　9—散堆货物堆放场　10—集装箱修理间　11—门式起重机
12—货运室　13—中转货运办公室

其优点是线路和货道场路短，占地少，工程投资小；易于适应城市发展规划的要求；货场道路与线路交叉少，短途搬运与取送车干扰少，比较安全；如运量增加，扩建比较方便。缺点是所有车辆取送作业均在货场一端进行，灵活性小；取送车作业与装卸作业会相互干扰。这种形式适用于大中型综合性货场。

② 通过式货场：货物装卸线为通过式（如图 5-2 所示）。

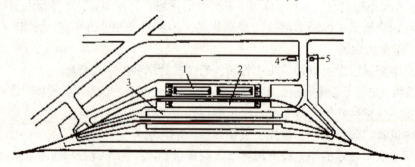

图 5-2　通过式货场

1—仓库　2—货物站台　3—堆放场　4—货运室　5—门卫室

其优点是取送车作业可在货场两端同时进行，比较方便，且与装卸作业干扰较少；可以办理整列装卸作业。缺点是占地和铺轨都比尽头式货场长，工程投资相应增加；货场道路与装卸线的交叉较多，取送车与进出货搬运作业易相互干扰；当运量增加时，扩建和改建都比较困难。这种形式适用于一般中间站和货运量大、有条件组织整列装卸作业的专业性货场。

③ 混合式货场：货物装卸线一部分为尽头式，一部分为通过式（如图 5-3 所示）。它兼有尽头式货场与通过式货场的优点和缺点。这种形式适用于中间站货场。

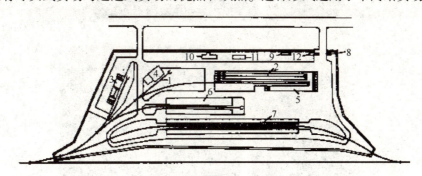

图 5-3 混合式货场

1—货物线 2—仓库 3—危险货物仓库及站台 4—牲畜圈 5—站台 6—长大笨重货物堆放场 7—低货位
8—门卫室 9—装卸工人休息室 10—装卸机械维修组 11—叉车停放、保养及充电间 12—货运室

5.1.4 铁路车辆

铁路车辆包括机车与货车。

1. 机车

铁路机车是列车的动力来源，因此机车的台数与牵引力大小均影响列车的行驶速度与服务质量。理想的机车除了能够提供足够的动力之外，在维修保养方面也需具有方便性，这样才可以提高营运效率。历史上较常用的机车有下列四种形式，即蒸汽机车、内燃机车、电力机车和动力组，如图 5-4 所示。

（1）蒸汽机车。蒸汽机车利用燃煤将水加热成蒸汽，再将蒸汽送入气缸，借以产生动力，来推动机车的车轮转动。这类机车的主要优点是价格低廉而且维修容易；缺点是牵引力不够大，热效率很低（仅为 6%），污染大。

（2）内燃机车。内燃机车是利用柴油作燃料，以内燃机带动发电机产生电能作为动力来源，来驱动机车运行。

（3）电力机车。这种机车是利用机车上的受力弓将高压电流自轨道上空的接触电线网直接输入电动机，来驱动机车运行。

（4）动力组。铁路列车除了以机车联挂车、货车牵引行驶之外，还可将驾驶室及动车与客车合在一起。这种车辆在铁路营运上称为动力组。

2. 货车

铁路营运主要是为载客与运货。为了满足各种不同类型的旅客需求，需配备各种不同等级的客车；为了运送不同的货物则需配备各种类型、不同功能的货车。

图 5-4　铁路机车

铁路车辆是装运货物、运送旅客的运载工具。它没有动力装置，需要把车辆连挂在一起由机车牵引，才能完成客货运输任务。

货车是指以运输货物为主要目的的铁道车辆。在特殊情况下，个别货车也用来运送旅客或兵员。有些铁道车辆并不直接参加货物运输，而是用于铁路线路施工、桥梁建设、轨道衡检测等特殊用途，但这些车辆也归于货车类。

（1）货车的组成。铁路货车由车体，转向架，制动装置，车钩，缓存装置等部分组成。

① 车体。车体是装载货物的部分，由底架、侧墙、端墙、车顶等部分组成。底架是车体的基础，是基础的承载部件。底架由各种纵向和横向梁件及地板组成。

② 转向架。转向架的作用是支撑车体，并引导车辆沿轨道行驶，同时承受来自车体及线路的各种载荷。最常见的转向架是二轴转向架，此外，还有三轴、四轴和五轴等多轴转向架。早期的二轴货车没有转向架，其基本走行部件是轮对。

③ 制动装置。制动装置是使列车减速、停车和保证列车安全运行不可缺少的装置。

④ 车钩、缓冲装置。车辆的连接装置多为各种形式的自动车钩，车钩后部的钩尾框中装有缓冲器。车钩起货车间的连接与分解作用，缓冲器起减轻列车纵向冲动的作用。

（2）货车的分类。由于运输的货物千差万别，相应地，货车也就多种多样。按适应范围大小，货车可分为通用货车和专用货车；按适用轨距不同，货车可分为准轨货车和米轨货车。通常按货车结构和运送货物的种类不同，把货车分为如下几类：

① 敞车。敞车没有车顶，车体四周有较高的端墙与侧墙。它们与地板共同构成装置空间，主要装运煤炭、矿石、砂、木材、钢材等不怕日晒、雨淋的货物；货物上盖上防水篷布可代替棚车运送怕湿货物。敞车的侧墙参与承载，如图5-5所示。

图 5-5　敞车

② 棚车。棚车具有车顶、侧墙、端墙,并设有窗和滑门,主要承运粮食、食品、日用工业品等怕晒、怕湿货物和贵重物品,必要时还可运送人员和马匹,如图 5-6 所示。

图 5-6　棚车

③ 平车。平车无车顶和端墙、侧墙,或者具有可以放倒的侧板和端板。平车为单纯的底架承载结构,可装运大型建筑材料、压延钢材、汽车、拖拉机及军用装备。低边平车还可装运矿石、煤炭等货物,如图 5-7 所示。

图 5-7　平车

④ 罐车。罐车的车外形为一个卧放的圆筒体。罐车可分为有底架和无底架的两种结构。罐体既是装货容器,又是主要的承载部件。罐车专门装运液体、液化气体或粉末状货物,如图 5-8 所示。

图 5-8 罐车

⑤ 长大货物车。长大货物车用于装载大型或重型货物。其结构多种多样，以适应各种大型货车的运输，主要有长大平车、凹底平车、落下孔车、双联平车、钳夹车等；一般采用多轴转向架或多重底结构，以便运输重型货车。

⑥ 保温车。保温车外形结构类似棚车，也是整体承载结构，车体设有隔热层，满足货物保鲜的需要；主要有加冰冷藏车、机械冷藏车和冷冻冷藏车等。

⑦ 漏斗车。漏斗车车体的下部设有一个或多个漏斗形卸货口，卸货时货物从这里卸下。漏斗车可分为无盖漏斗车和有盖漏斗车两类。漏斗车的主要特点是卸货方便。打开漏斗口的挡板，货物靠重力自行卸下。

⑧ 自翻车。自翻车的车体靠倾翻风缸或油缸的作用能够向一侧倾翻，同时卸货侧面的侧墙自行开启，将货物卸在轨道一侧。它主要用于装卸频繁的矿山运输。

⑨ 家畜车。家畜车结构类似于棚车，用于活家畜及家禽的运输。它一般为双层或多层结构，侧墙和端墙设有通风栅栏。

⑩ 守车。守车是编挂在货物列车尾部，专供货车列车车长乘务用的车辆。

⑪ 其他货车。除上述车种外，货车还有桥车整车运输车辆、球团矿车、钢水车、铸锭车、鱼苗车等。

5.2 公路运输技术与装备

5.2.1 公路运输的特点

公路运输在所有运输方式中是影响面最为广泛的一种运输方式。其特点如下：

(1) 全程速度快。因公路运输可实现"门到门"运输，故对于客户来说可减少转换运输工具所需等待时间。对于限时运送货物，运送临时急需货物，公路运输服务优于其他运输工具。尤其是短途运输，其整个运输过程的速度，公路运输较任何其他运输工具更为迅速、方便。

(2) 运用灵活。公路运输因富于活动性，可随时调拨，不受时间限制，且几乎随处可停，富于弹性及适应性，故运用灵活。

(3) 受地形气候限制小。汽车的行驶受地形限制较小，遇恶劣气候，也可较为不受其影响。

(4) 载运量小。汽车的载运量小，小汽车可载三四人，大型巴士通常也仅能载运数十人；普通货运汽车可载运 3~5t，即使使用拖车，也不过数十吨，不能与铁路列车或轮船的庞大运输量相比。

(5) 安全性较差。在公路运输中，由于车种复杂、道路不良、驾驶人员疏失等因素，交通事故较多，故安全性较差。

5.2.2 公路运输的基本设施

公路汽车运输系统（或称公路运输系统）主要由公路及其相关建筑物、交通控制设备、普通道路交通控制系统、高速公路交通控制系统汽车和汽车站组成。

1. 公路及其相关建筑物

公路是指连接城市、乡村，主要供汽车行驶的、具备一定技术条件和设施的道路。在我国，根据公路的作用及使用性质，可将其划分为：国家干线公路（国道）、省级干线公路（省道）、县级干线公路（县道）、乡级公路（乡道）以及专用公路；根据公路所适应的交通量水平分为五个等级，分别为高速公路、一级、二级、三级和四级公路，各级公路所适应的交通量表如表5-1所示。

表5-1 公路分级表

等 级	高 速	一 级	二 级	三 级	四 级
日交通量/（辆/天）	>25000	15000~30000	3000~7500	1000~4000	1500（双车道）
标准车	小客车	小客车	中型货车	中型货车	中型货车
出入口控制	完全控制	部分控制	—	—	—
设计年限/年	20	20	15	10	10

注：AADT为标准车的年平均日交通量。

各级公路需满足不同的使用要求，为此应对各级公路的设计规定相应的基本控制标准或设计准则，以指导各项具体设计指标的指定。这些控制标准主要有以下几个方面：

(1) 出入口控制。出入口控制是限制车辆在指定出入口以外的地点出入道路路界。出入口控制方式和数量对于行驶的质量和安全有很大的影响。

高速公路和收费公路应采用出入口完全控制的设施，仅允许车辆在规定的地点出入公路。这类公路同其他公路和铁路都不能有平面交叉。一级公路和二级汽车专用公路，一般都设计有部分控制的出入口，在交通量大、车速高的路口，应修建立体交叉，仅在对通行能力影响不大的局部地方，允许修建少量的平面交叉。图5-9为某高速公路的主体交叉情况。

(2) 计算行车速度。计算行车速度是决定公路几何线形的基本要素。它直接决定汽车行驶的曲率半径、超高、视距等几何线形要素，与公路的重要性、经济性有关，是用来体现公路等级的一项指标。

图 5-9 某高速路主体交叉

各级公路的计算行车速度的一般规定如表 5-2 所示。

表 5-2 各级公路计算行车速度表

公路等级	高速公路				一级公路		二级公路		三级公路		四级公路	
行车速度 /（km/h）	120	100	80	60	100	60	80	40	60	30	40	20

（3）设计车辆。公路上行驶的不同类型的车辆，有各种不同的几何尺寸和性能。公路的车道宽度和高度净空应能容纳这些车辆通过，因此车辆的外廓尺寸是公路几何设计的重要依据。公路设计所采纳的各种设计车辆的基本外廓尺寸一般规定见表 5-3。

表 5-3 设计车辆外廓尺寸表

	总 长	总 宽	总 高	前 悬	轴 距	后 悬
小客车	6	1.8	2	0.8	3.8	1.4
载客车	12	2.5	4	1.5	6.5	4
半挂车	16	2.5	4	1.2	4+8.8	4

（4）设计交通量。交通量是公路分级和确定所需车道数的主要依据。高速公路、一级公路的交通量，以小客车及四个车道（即单向双车道）为准确定；二级、三级、四级公路则以中型载货汽车为准。设计中以标准车的年平均日交通量（AADT）预测值作为依据。

2. 交通控制设备

交通控制设备主要有交通标志、路面标线和路标、交通信号三类。其功能主要是对车辆、驾驶员和行人起限制、警告和引导作用。

（1）交通标志。交通标志是指把交通指示、交通警告、交通禁令和指示道路等交通管理与控制法规用文字、图形或符号形象化地表示出来，设置于路侧或公路上方的交通控制设施。它可划分为如下四种：

① 警告标识：唤起驾驶员对前方公路或交通条件的注意，如陡坡、急转弯、窄桥、铁路平交口以及影响行车安全的地点标志。

② 禁令标志：禁止或限制车辆、行人通行的标志，如限速、不准停车、准超车、不准左转。

③ 指示标志：指示车辆、行人行进或停止的标志，如绕道标志、目的地和距离标志等。

④ 指路标志：指出前方的地名或名胜古迹的位置和距离，预告和指示高速公路或一级公路的中途入口、沿途的服务设施和必要的导向等。

齐全的交通标志能有效地保护路桥设施、保障交通秩序、提高运输效率和减少交通事故，是公路沿线设施必不可少的组成部分。

（2）路面标线和路标。路面标线与交通标志具有相同的作用。它将交通的警告、禁令、指示用画线、符号、文字等嵌画在路面、缘石和路边的建筑物上，例如道路中心线、车道边缘线、停车线、禁止通行区等。路面标线的颜色有黄色和白色两种。白色一般用于准许车辆越过的标线，例如车道线、转弯符号等；黄色一般用于车辆不准超越的标线，如禁止通行区、不准超车的双中心线等。

路标为沿道路中线或车道边线或防撞墙埋设的反光标志物。车辆夜间行驶时，在车灯照射下，路标的反光作用可以勾勒出行车道或车道的轮廓，从而向驾驶员指示行驶方向。

（3）交通信号。交通信号是最主要的交通控制设备，是用于在时间上给互相冲突的交通流分配通行权，使各个方向和车道上的车辆安全而有序地通过交叉口的一种交通管理措施。交通信号基本上可分为定时式和感应式两类。

3. 普通道路交通控制系统

普通道路交通控制系统分点控制、线控制和面控制三类。

（1）点控制系统。点控制系统是线控制系统和面控制系统的基本单元。它通过安装在单个平交叉路口上的信号灯，控制信号周期和绿信比。信号周期是信号灯的红、黄、绿灯各显示一次的时间，而绿信比是信号灯某方向的绿、黄灯显示时间之和与信号周期之比。

（2）线控制系统。线控制系统有信号周期、绿信比和相位差三个基本参数。相位差是指相邻两个交叉口信号机同方向绿灯开启时间差与周期之比。线控制系统根据其功能的不同可分为如下三种：

① 单模型系统。系统只按一种控制模型工作，不能适应经常变化的交通流量。这是早期的一种简单线控制系统。

② 多时段线控制系统。该系统具有多种周期、绿信比和相位差，可组成多种控制模型，并能按时间自动变换，以适应交通流量的变化。

③ 感应式线控制系统。该系统设有主控制器，将预先编好的各种控制，模型储存在主控制器内，主控制器根据车辆检测器所检测到的交通量大小，通过传输电缆把控制指令发给各交叉口上的信号机，使其按控制模型的要求变换灯色，同时收集车辆检测器所提供的交通情报，并进行处理。

（3）面控制系统。面控制系统对城市道路网上若干个相邻交叉口的信号周期、绿信比、相位差和设在道路上的各种可变标志进行集中统一控制。其基本功能为：

① 收集交通情报。设在道路上的车辆检测器随时把检测到的车辆、车辆行驶速度、车辆阻塞度和空间占有率等情报，通过传输系统送到中心处理机加以处理。

② 控制终端信号和可变标志。中心处理机根据交通流量的变化，实时地改变控制模型，随时发出控制指令，控制终端信号机和可变标志。

③ 引导车辆。中心处理机根据收集的交通情报，对于交通阻塞地点，一方面，控制有关的终端信号机和可变标志以引导车辆；另一方面，通过通信系统，发布交通阻塞情报，引导车辆避开阻塞地点。

④ 集中监视。通过各种显示设备和电视监视系统，工作人员可了解控制区域内的交通状况，为迅速排除交通阻塞、处理异常情况、采取人工干预提供直观的依据。

面控制系统的上述功能，对疏导交通流量、提高道路通行能力、减少交通事故和交通公害有明显的效果。

4. 高速公路交通控制系统

高速公路交通控制系统是对高速公路上匝道口（进出口）、交会和行驶速度进行控制的系统。在高速公路匝道上设有信号灯或可变标志，当高速公路上车辆阻塞或车流达到饱和容量时，系统便控制入口处的信号灯或可变标志，限制车辆驶入。在发生交通事故或遇有施工等紧急情况时，该系统也可用于限制车辆驶入或驶出，或完全关闭匝道。对刚驶入高速公路匝道的车辆，靠匝道上的信号系统引导其进入干线，以保证车辆交会时的安全。设在高速公路上的各种可变标志，随时给驾驶人员提供道路上的车辆阻塞度、速度限制、路面湿度和冰冻状况、交通事故和施工等情报，以保证车辆按规定速度行驶。

高速公路交通控制系统由各种检测器、信号机、可变标志、通信传输系统、设有控制中心的中心处理机及其外围设备、交通状况显示板和使上述设备协调工作的软件系统组成。为了直观了解道路上的交通状况和控制效果，高速公路上还设有电视监视系统。

5. 汽车

汽车是公路运输的基本运输工具。它由车身、动力装置和底盘三部分组成。车身包括驾驶室和车厢两部分。动力装置是驱动汽车行驶的动力源。现代汽车的动力装置主要是汽油机和柴油机。底盘是车身和动力装置的支座，同时是传递动力、驱动汽车、保证汽车正常行驶的综合体。它由传动系统、行驶系统和操纵系统三部分组成。传动系统将动力装置输出的动力传给驱动车轮；行驶系统将汽车的各个组成部分联成一体并使整体能够行驶；而操纵系统用于保证按驾驶人的意志控制汽车行驶和选择行驶路线。

汽车按用途一般可分为轿车、客车、载货汽车、牵引车、专用运输车和特种车六类。载货汽车俗称卡车，主要用于运输货物；牵引车专门用于牵引挂车或半挂车；专用运输车是指按运输货物的特殊要求设计，有专用车厢并装有相应附属设备的运输车，如自卸汽车、液罐汽车、冷藏汽车、散装水泥汽车、集装箱汽车等；特种车主要适用于完成某些特殊任务而设计的汽车，如救护车、消防车、垃圾车、洒水车以及各种工程车等。图5-10所示为各种货运汽车。

6. 汽车站

汽车站既是公路运输系统的基本设施，又是汽车运输企业组织公路客货运输的基层单位。根据经营的业务不同，汽车站可分为客运站、货运站和客货兼营站。

图 5-10　各种货运汽车

（1）客运站。客运站是专门办理旅客运输业务的汽车站，一般设在公路旅客集散点。其规模大小视当地的客运量而定。我国把汽车客运站分为三等，即省辖市及港口、铁路枢纽一般设一等站，县、市人民政府所在地一般设二等站，乡政府所在地或较大集镇设三等站。客运站的主要工作分商务和车务两大部分。商务如售票、接受行李包裹的托运等；车务如车辆的调度、检查、加油、维修、接受和发送等。客运站一般设有售票处、问事处、行包托运处、小件寄存处、候车室、停车场等设施。大的客运站还有为旅客和车辆驾乘人员提供食宿的设施。

（2）货运站。货运站是专门办理货物运输业务的汽车站，一般设在公路货物集散点。货运站的主要工作是组织货源、受理托运、理货、编制货车运行作业计划，以及车辆的调度、检查、加油、维修等。站内一般设有营业厅、调度室、停车场、驾驶人员食宿站等设施。有的还有装卸设备和装卸人员。图 5-11 为某汽车货运站。

图 5-11　汽车货运站

在公路运输较发达的一些国家，有些汽车货运站还是组织联运的基地。它将一些长途运输业务安排给其他运输方式。组织和协调各种运输方式的衔接和配合。有些汽车货运站既是运输组织中心,又是货运信息中心。

(3) 客货兼营站。客货兼营站是兼办客、货运输业务的汽车站,一般设在客运业务和货运业务都不太多的城镇。

5.2.3 公路货运站

公路货运站是办理公路货运业务运输业务及保管、保养、修理车辆的场所,是汽车运输企业的技术基地和基层生产单位,是构成公路运输网的重要组成部分。

1. 公路货运站的作用

(1) 取货上门、送货到家。凡货主需要运送货物,经货主填写运单后,由运输站(场)根据运量大小、货物运送的要求,调派适宜的车辆,按照运输站(场)确定路线、发车时间,上门取货。运输站(场)将到达的货物汇集起来,按照货物发送的去向、运输要求进行分类和换装,再按照运输站(场)确定的路线及发、到时间,送货到家,交付收货人。对于运输站(场)由铁路、水路、航空等运输方式接运的货物(包括集装箱),不管是衔接转运的,还是需要送货到家的,同样按照货物的去向及运输要求进行分类和换装,再按运输站(场)确定的线路和发车的时间,送货到家。

(2) 货物的集散、换装。运输站(场)对于待发的货物具有集中、疏散、分类、换装的功能。它首先将处于各点的品种繁杂、数量很多、流向不一的货物集中起来;然后根据货主的要求,按照合理线路、货物的运输条件,进行分类、换装等作业,统一进行运输调度,从而节约运力,提高运输的效率。

(3) 连接多种运输方式。公路货运站特别是公路主枢纽,起着把不同运输方式连接起来,共同完成同一运输任务的纽带作用。随着我国联合运输业务的发展,运输站(场)的这种作用将更加显著。

(4) 车辆调度和停放。为了完成货物的集散任务,必须有足够数量的各种型号的载重汽车等运载工具,以及装卸货物的附属设备(如起重机、叉车等)。因此,运输站(场)应设有专门的场地,作为停放车辆调度业务使用,并且定期对站内车辆进行维修、养护。

2. 公路货运站的分类

公路运输站(场)有多种分类方法,通常按业务性质或者按承运业务量分类。

(1) 按业务性质分为专业站、代办站、停靠站。

① 专业站:专业站是指由汽车运输企业直接领导的基层单位,固定办理各种货运业务。在货运量较大、运输业务稳定的地区一般均设有专业汽车运输站。

② 代办站:代办站是设在运量不大、尚不具备建站条件,但仍有一定货运业务的地点,如县城、乡镇代办的运输站。代办站由所在地政府派人负责。运输业务由附近运输站(场)或业务部门代管。

③ 停靠站:停靠站是根据临时性的货流需要或季节性的特殊要求,在汽车运输的沿线临时增设停靠站。停靠站仅设置站(场)标志或简单站棚。停靠有定时和不定时两种。有的地区停靠站不设站务人员。停靠站一般分为固定站、临时站和招手站三种。主要任务是为了方便用户和分散部分货流。

(2) 按承运业务量分为小型运输站、中型运输站和大型运输站。

① 小型运输站：日办理货运量一般在 200 t 以下。这类运输站仅有简易的叉车、手推车等辅助设备。

② 中型运输站：日办理货运量一般在 200~600t 之间，站内设有为货物分类、倒装使用的转运系统。

③ 大型运输站：日办理货运量在 600~1000t 之间，站内设有计算机监控的输送系统。这类运输站技术先进、规模较大、效率高、投资也大。

运输站（场）的规模等级应根据需要，因地制宜。运输站要尽量减少装卸次数，缩短转运距离，提高货物运输效率，并大力提倡直达运输，以适应物资流通发展的需要。

5.3 航空运输技术与装备

5.3.1 航空运输的特点

航空运输是指使用航空器运送人员、行李、货物和邮件的一种运输方式。目前，世界航空运输业已发展成为一个规模庞大的行业。以世界各国主要都市为起点的世界航线网已遍及南极洲之外的各大洲。

航空运输之所以能在短短半个多世纪内得到快速的发展，是与其自身所具有的特点分不开的。航空运输的特点主要表现在以下几个方面。

（1）速度快。这是航空运输最大的特点和优势。现代喷气式飞机的巡航速度为 800~900km/h，比汽车快 5~10 倍，比轮船快 20~30 倍；且距离越长，航空运输所能节约的时间越多，其快速的特点也越显著。

（2）不受地形限制，机动性大。飞机在空中飞行，受地形的限制很少，受航线条件限制的程度也远远比汽车运输、铁路运输和水运小得多。它可以将地面上任何距离的两个地方连接起来，可以定期或不定期飞行。尤其对于灾区的救援、供应及边缘地区的急救等紧急任务，航空运输已成为必不可少的手段。

（3）舒适、安全。喷气式客机的巡航高度在 10000m 左右。飞行不受低空气流的影响，平稳舒适。现代民航客机的客舱宽敞、噪声小、机内有供膳、视听等设施，旅客乘坐舒适。由于科学技术的进步和民航客机适航性要求的严格，航空运输的安全性比以往已大大地提高。

（4）适用范围广泛，用途广。飞机，尤其是直升机，不但可供客货运输，而且还可以用于邮政、农业、渔业、林业、救济、工程、警务、气象、旅游观光和军事。因此，航空运输的用途十分广泛。

（5）基本建设周期短、投资少。要发展航空运输，从设备条件上讲，只要添置飞机和修建机场就可基本满足，这与修建铁路和公路相比，一般来说，建设周期短、占地少、投资少、收效快。据计算，在相距 1000km 的两个城市间建立交通线，若载客能力相同，修建铁路的投资是开辟航线的 1.6 倍。铁路修建周期为 5~7 年，而开辟航线只需要 2 年。

（6）航空运输的国际性。航空运输企业属于环球国际性的运输企业，且具有跨国服务的特性，故需考虑提供国际服务与合作关系，例如天空开放和代码共享的问题。

(7) 运价较高。航空运输由于受飞机机舱容积和运载量比较小的制约，运载成本和运价比地面运输高。

航空运输具有快捷、机动的特点，可以为旅客节省大量的时间，为货主加速资金周转。因此，在客运和进出口贸易中，尤其是在贵重物品、精密仪器、现货物资等货物的运输方面，航空运输正起着越来越大的作用。

5.3.2 航空运输工具

1. 飞机的分类

飞机是指用于从事客货运输的非军用飞机。飞机根据起飞重量分为小型、中型、大型三种；按航程分为近程、中程、远程三种，但国际上没有统一划分的定量标准；按用途分为客机和货机。为了保证飞行的安全、舒适，高空飞行的现代客机机舱都是增压密封舱，舱内装有旅客座椅以及空调、供氧、救生等生活服务和安全保证设备。货机机舱内设有装卸货物和集装箱的辅助设备，如起重、滑动装置和货物固定设备等。

在航空运输领域内，除了使用喷气式飞机外，还使用可以垂直起降和空中悬停的旋翼机，也称直升机。它可以执

图 5-12　波音 757 货机

行喷气式飞机所无法执行的任务，但因直升机的营运成本高，所以在客货运输方面应用较少，主要用于各种专业飞行任务。图 5-12 为专业从事货运的波音 757 货机。

2. 飞机的组成

喷气式飞机主要是由机身、机翼、尾翼、起落架、发动机等部分组成。机身是飞机的主体，其他各个组成部分都直接安装在机身上，机身前部布置有驾驶舱和操纵系统。机身还是承载的容器。客机的机身内有客舱、行李舱和服务舱；货机则安排有货舱。机翼是使飞机产生升力并在空中保持稳定性的主要部分。机翼上有襟翼、副翼等操纵面。大多数机型的飞机都把主要的燃油箱安置在机翼里面。尾翼通常由垂直尾翼和水平尾翼组成。垂直尾翼上安装方向舵；水平尾翼上安装升降舵。两者均为飞机的重要操纵面。起落架是飞机起飞离地前、着陆后滑跑和地面滑行时使用的几轮组及其支架的总称。多数飞机的起落架在飞机升空后可以收入机身，以减小飞行阻力。在雪地或水上起降时，可以用翘板或浮筒代替轮子。发动机是飞机的动力装置。航空发动机有活塞式和涡轮式两大类。

3. 飞机的主要性能

不同用途的飞机，对飞行性能的要求有所不同。对现代飞机而言，主要考虑速度、爬升、续航、和起降等性能指标。

(1) 速度性能。飞机优于其他运输工具的主要特征之一是速度快。标志飞机速度性能的指标是飞机的最大平飞速度。当飞机的飞行速度增大时，飞机的阻力增大，克服阻力需

要的发动机推力也相应增大。由于飞机的阻力和发动机的推力都与高度有关，所以飞机的最大平飞速度在不同的高度上是不相同的。通常在 11km 左右的高度上，飞机能获得最大的平飞速度。显然，飞机不能长时间的以最大平飞速度飞行，因为这样一方面会损坏发动机，另一方面消耗的燃油也太多。所以，对民用运输机这类需要长时间飞行的飞机而言，更注重的是巡航速度。也就是说，飞机以巡航速度飞行时最为经济，航程最远或航时最长。

（2）爬升性能。飞机的主要爬升性能是指飞机的最大爬升速率和升限。飞机的爬升受到高度的限制，因为越高越冷，发动机的推力就越小。当飞机达到某一高度，发动机的推力只能克服平飞阻力时，飞机就不能再继续爬升了。这一高度成为飞机的理论升限。通常使用的是使用升限。所谓使用升限，是指飞机还能以 0.5m/s 的垂直速度爬升时的飞行高度，也称为飞机的静升限。

（3）续航性能。飞机的续航性能主要是指航程和续航时间（航时）。航程是指飞机起飞后，爬升到平飞高度平飞，再由平飞高度下降落地，且中途不加燃油和润滑油，所获得的水平距离的总和。飞机的航程不仅取决于飞机的载油量和单位飞行距离耗油量，而且是业务载量的函数。飞机在最大载油量和单位飞行距离耗油量最小的情况下飞行所获得的航程就是飞机的最大航程。

（4）起降性能。飞机的起降性能包括飞机起飞离地速度和起飞滑跑距离、飞机着陆速度和着陆滑跑距离。

在地面滑跑的飞机，当其前进速度所产生的升力略大于飞机的起飞重量时，飞机就能够离陆。但在正常起飞时，为了保证安全，离地速度要稍大于最小平飞速度（飞机能够保持平飞的最小速度）。离陆距离也称起飞距离，由起飞滑跑距离和起飞爬升距离组成。飞机从松开刹车沿跑道向前滑跑至机轮离开地面所经过的距离称为起飞滑跑距离。飞机的离陆距离应争取尽可能的短，这样可以在较短的跑道上起飞。飞机的发动机的推力越大，最小平飞速度越小，其离陆距离也就越短。

飞机在着陆过程中，着陆的速度应争取尽可能的小。着陆过程的速度分着陆进场速度和着陆接地速度。着陆进场速度是指飞机下滑至安全高度进入着陆区时的速度，着陆接地速度有时也简称为着陆速度。着陆距离可分成着陆下滑距离和着陆滑跑距离。着陆滑跑距离取决于飞机的着陆接地速度和落地后的减速性能。现代飞机除了在机轮上安装刹车外，通常还采用减速板、反推力装置等来缩短着陆滑跑距离。

5.3.3 航空港

1. 航空港的意义及其组成

航空港是航空运输用飞机场及其服务设施的总称。飞机场简称机场，是用于飞机起飞、着陆、滑行、停放、维修等活动的场地，其中有为飞行服务的各种建筑物和设施。在航空港内，除了飞机场外，还有为客、货运输服务的设施，如候机楼、货运站等。航空港和飞机场是两个含义不同的概念，但在民用航空中往往混用，例如，北京的国际航空港习惯上称为首都国际机场，如图 5-13 所示。

航空港一般主要由飞行区，客货运输服务区和机场维修区三个部分组成。

图5-13 首都国际机场

(1) 飞行区。飞行区是航空港的主要区域,占地面积最大。飞行区域内设有跑道、滑行道和停机坪,以及各种保障安全的设施、无线电通信导航系统、目视助航设施等。航空港内供飞机起降用的跑道,根据飞行量和风向风力条件,可以设一条或多条。一般在好天气条件下,以目视飞行时,一条跑道每小时可以起降飞机45~60架次;在不良天气条件下,以仪表飞行时,每小时可起降飞机20~40架次。为了保证飞机安全起飞和着陆,要在飞行区上空划定净空区,即在机场极其邻近地区上空,根据本机场起降飞机的性能,规定若干障碍物限制,不允许地面物体超越限制面高度。这些限制面以上的空域称为净空区。净空区的规定可以随飞机的发展而改变。

(2) 客货运输服务区。客货运输服务区是旅客、货物、邮件运输服务设施所在区域。区内设施包括客机坪、候机楼、停车场等。其主要建筑是候机楼。区内还可以配备旅馆、银行、公共汽车站、进出港道路系统等。货运量较大的航空港还设有专门的货运站。在客机坪附近设有管线加油系统。其特点是使用高压泵,在30分钟内向飞机加注的燃油有时高达几十吨。

(3) 机务维修区。机务维修区是维修厂、维修机库、维修机坪等设施的所在区域。区内还有为保证航空港正常工作所必需的各项设施,如供水、供电、供热、供冷、下水等各种公用设施,以及消防站、急救站、自动电话站、储油库、铁路专用线等。

整个航空港的布局以跑道位置的安排为基础,根据跑道位置布置滑行道、客机坪、货坪、维修机坪以及其他飞机活动场所。客货运输服务区的位置通常位于连接城市交通网并邻近飞行区的地方。

2. 机场的分级

航空港的机场一般根据跑道和设施划分使用等级。国际上,各国采用的分级办法不尽相同。我国按照允许起降飞机的最大起飞全重,将机场分为一、二、三、四级,其中四级机场只能起降轻型飞机。国际民用航空组织规定,机场等级由第一要素代码(等级指标Ⅰ)和第二要素代码(等级指标Ⅱ)的基准代号划分,用来确定跑道长度或所需道面强度,即能起降机型的种类。表5-4中的代码表示飞机基准飞行场地长度。这是指某型飞机以最大批准起飞重量,在海平面高度、标准大气压(15℃、1.013×10^5Pa,相当于1个标准大气压)、无风、无坡度的情况下起飞所需的最小飞行场地长度;表中的代码应选择翼展或主起落架外轮外侧之间距两者中要求较高者。

表 5-4　飞行区基准代号

飞行区代码	代表跑道长度/m	飞行区代号	翼展/m	主起落架外轮间距/m
1	L<800	A	WS<15	T<4.5
2	800≤L<1200	B	15≤WS<24	4.5≤T<6
3	1200≤L<1800	C	24≤WS<36	6≤T<9
4	L≥1800	D	36≤WS<52	9≤T<14
		E	52≤WS<65	9≤T<14
		F	65≤WS<80	14≤T<16

3. 跑道

（1）跑道的平面布置。跑道是提供飞机起飞、加速、和着陆时减速滑跑用的带状地面，是航空港的组成部分之一。运输机用的跑道大多设有铺筑面。为了保证飞机在接地过早、滑出跑道或中断起飞时的安全，跑道两侧设有道肩和侧安全道，跑道两端设端安全道。这些设施和跑道一起组成升降带。跑道的方位主要是根据当地风的恒风向和附近障碍物的位置确定的。

（2）跑道的分类。跑道按道面结构可分为土质的、草皮的和人工铺筑的。土质道面的跑道和草皮道面的跑道多供农用飞机季节性、临时性使用，或班次较少的地方航线的小型飞机使用。人工铺筑的道面一般称为高级道面，按性质分为柔性道面和刚性道面两种。柔性道面多指沥青胶结粒料道面；刚性道面是指混凝土或钢筋混凝土道面。

根据机场是否拥有仪表着陆系统，跑道可分为仪表跑道和非仪表跑道。

（3）跑道的技术要求。跑道要有一定的长度、宽度、坡度、平坦度，以及结构强度和摩擦力等。

① 长度。跑道长度根据机场起降的主要机型在标准大气压条件下的技术性能，以及当地的标高、地形坡度等因素确定。例如，在标准大气压条件下，"运五"飞机使用跑道的长度只需600m，而波音757型客机则需3200m左右。在高原和高温情况下，因空气稀薄需增加跑道长度。上坡有利于缩短着陆滑跑长度，下坡有利于缩短起飞滑跑长度。具有高摩擦力的平坦道面有利于缩短起飞和着陆滑跑的长度。侧安全道的长度等于跑道的长度。端安全道的长度，一、二级机场为200m，三级机场为150m，四级机场为50m。

② 宽度。宽度是根据飞机起降时大部分的轮迹都集中在以跑道中心线为中心的25～30m范围内这一事实确定的。从20世纪60年代起，多数国家的跑道都规定为45m宽，连同道肩共60m宽。

③ 坡度。为便于排水和减少修建的工程量，对跑道的坡度规定有各种限制。例如，对跑道的不同部分有最大纵坡和变坡、最大和最小横坡的限制等。这里基本的原则是跑道的坡度变化越小和变化次数越少越好，但是，要考虑修建工程的经济合理性。

④ 平坦度。跑道平坦度的标准是用长3m的直尺放在道面任何地方检查时，直尺底面的任何地方与道面表面之间没有大于3mm的间隙。平坦度不良，不仅使旅客不舒服，而且会导致飞机起落架和其他部分的结构损坏，甚至发生事故。

⑤ 结构强度。道面结构强度与飞机全重、起落架及轮子布局、轮压和运行频率有关，

道面每个点所承受的载荷和重复次数各不相同，因此跑道各部位道面的厚度也不相同。从纵向看，跑道两端承受飞机的静载荷和低速滑行时的重量；而跑道中部，飞机滑行到此时已有一定的速度，产生一定的空气浮力，道面的载荷就减小了。因此，跑道两端要比中间厚些。从横向看，跑道两侧比中间 25～30m 范围内的道面要薄。

⑥ 摩擦力。跑道表面要具有一定的粗糙度，保证机轮与道面之间产生一定的摩擦力，以防止在跑道潮湿、积水时发生机轮打滑、失控，造成事故。保证道面具有适当摩擦力的关键是选材合适，施工方法得当。一般情况下，跑道使用铺多孔磨阻层或颗粒封层的方法。

4. 候机楼

候机楼是为航空旅客提供地面服务的主要建筑物，又称航站楼，通常根据跑道和通往城市公路的布局而设置在航空港内比较适中的地点。其基本功能是保证出发、到达和中转的旅客能迅速而有秩序地登上飞机或离开机场，同时为旅客或迎送亲友的客人提供候机和休息场所。

5. 目视助航设施

目视助航设施是指在机场及其附近地区为给飞机驾驶员操纵飞机起飞、着陆和滑行提供目视引导信号而设置的设施，主要包括助航灯、标志和标志物。

(1) 助航灯。助航灯通常由机场灯标、近进灯、目视下滑角度指示、着陆区灯、跑道灯、滑行道灯和障碍灯几部分组成。机场灯标是安装在机场区域内的一具强闪光灯标，用以标志机场位置。在一个地区机场较多时，还设有识别灯标。它以闪光的方式播发标志机场代号的摩尔斯电码。进近灯光系统供驾驶员在进行目测着陆对准跑道方向、调整飞机的姿态和判断到跑道入口的距离等。目视下滑角度指示系统用于帮助驾驶员检查和修正飞机的下滑角度。着陆区灯装在跑道着陆端的 900m 范围内，标志接地地带。跑道灯光系统用来标志跑道的入口、中线、边线和末端。滑行道灯光系统包括滑行道边灯和中线灯；障碍灯装在机场附近及其附近地区对飞行安全可能构成威胁的人工或天然障碍物上。

(2) 标志。标志是指在跑道和飞机活动地区道面上标出的鲜明的白色或黄色线条、字码和符号，包括跑道号码标志、跑道中线标志、跑道边线标志、入口标志、接地地带标志、定距标志、滑行道中线标志、滑行等待位置标志和停机坪上的各种引导线。机场及附近地区的障碍物也涂有醒目的标志。

(3) 标志物。标志物是利用不同形状和涂色以传达信息的设施，有照明的和不照明的，带文字符号和不带文字符号的，如风向标、着陆方向标、信号板、全向信标机场校准点标记牌、各种滑行引导标记牌等。由于无线电导航设备的性能日益提高，运输机驾驶员已有可能利用这种设备进行自动着陆。但是自动着陆所需的地面设备和机载设备造价昂贵，而现代化目视助航设施则造价低廉，并能保证绝大多数机场不至于因能见度低而关闭。因此，在一定时间内，目视助航设施还不会完全被电子设备所取代。

5.4 水路运输技术与装备

5.4.1 水路运输的特点

水路运输简称水运，是指利用船舶航行于水域，完成旅客与货物运送的经济活动。

1. 水路运输的技术经济特性

水路运输在所有运输方式中是最为经济的,但运输速度最慢。其系统特性主要反映在以下几个方面:

(1) 运输量大。船舶货舱与机舱的比值比其他运输工具都大。因此,可以作货物运输的舱位及载重量均比陆运或空运庞大。以国际最大的超巨型邮轮为例,其每次载运原油的数量可以高达 56 万 t,而最大的集装箱船,每次可装载 20ft 集装箱 4000TEU(标准箱)。

(2) 能源消耗低。就运输 1t 货物至同样的距离而言,水运(尤其是海运)所消耗的能源最少。

(3) 单位运输成本低。水运的运输成本约为铁路运输的 1/25~1/20,公路运输的 1/100。因此,水运(尤其是海运)是价格最低廉的运输方式,适用于运输费用担负能力较弱的原材料及大宗物资。

(4) 续航能力强。一艘商船出海,所携带的燃料、粮食及淡水,可用数十日,绝非其他任何运输工具可比。且商船具有独立生活的各种设备,如发电设备、淡水制造设备、储藏大量粮食的粮仓、油槽等,能独立生活。

(5) 受天气和商港的限制,可及性低。商船航行在海上,暴风雪、大雾等恶劣天气都是对水路运输的限制。另外,商船到达商港后,可能会因为港湾水深或装卸设备缺乏,而受到入港与作业限制。再者,水路运输的可及性不高,往往需要地面运输系统的配合才能完成客货运输过程。

2. 水路运输的发展趋势

我国幅员辽阔,大陆海岸线有 18000 多千米,岛屿海岸线 140130 多千米,流域 100km 以上的天然河流有 5000 多条,大小湖泊有 900 多个,具有发展水运的自然条件;而且我国也是世界上水路运输发展较早的国家之一。目前,我国的商船已航行于世界 100 多个国家和地区的 400 多个港口。我国目前已基本形成一个具有相当规模的水运体系。

远洋运输是目前国际贸易中的主要运输方式。为了提高船舶运输的经济效益,船舶出现了大型化、专业化、高速化、自动化和内燃机化的发展趋势。

(1) 船舶大型化。首先是油船吨位的增长和油船的大型化。1930 年的世界商船中,油船吨位只占 1/10,1980 年上升为 1/2。20 世纪 60 年代中期就出现了 20 万 t 以上的超大油船和 30 万 t 以上的特大油船,70 年代又出现了 50 万 t 以上的大油船。在油船大型化的同时,也出现了装运煤炭、矿砂、谷物等的干散货船的大型化趋势。60 年代末,大型散货船的载质量超过 10 万 t,最大的已达 17 万 t。

(2) 船舶专业化。第二次世界大战以后,各种专用船发展很快。杂货船用途广泛,适应性强,在艘数上至今仍为各类货船之首。典型的杂货船都以低速柴油机为动力,载质量不超过 2 万 t,航速为 15nmile/h⊖左右。为了提高杂货船运输多种货物的能力,近年来制造出了多用途船。除载运普通杂货外,它还能载运集装箱、重货、冷藏货和散货等。

(3) 船舶高速化。自 20 世纪 50 年代起,航运界为了加快船舶周转,一度掀起船舶高速化的热潮。普通杂货船航速提高到 18 nmile/h,集装箱船航速在 20 nmile/h 以上。

⊖ 1nmile = 1.852km,全书同。

（4）船舶自动化。20世纪60年代初期以来，各国航运企业为了减少船员人数，降低船员劳动强度和提高船舶营运的经济效益，逐步实现了轮机、导航和仪装三个方面的自动化，如60年代中期造出了机舱定期无人值班的船舶。

（5）船舶内燃机化。这是指船舶普遍采用柴油机为主机。柴油机同蒸汽机比较，具有热效高、油耗低、占地小等优点。第二次世界大战后，一方面，低速大功率柴油机由于增压技术的进步，单机功率不断提高，过去必须安装汽轮机的大型高速船也能应用柴油机；另一方面，柴油机对燃用劣质油的适应性也不断改善。这样在经济上便具有优越性。对于机舱空间受限制的滚装船、集装箱船、汽车渡船等，则可以选用体积小、质量轻的中速柴油机，通过减速箱来驱动螺旋桨。油耗低、能燃用劣质油的不同功率的柴油机现在几乎占领了船用发运机的全部市场。因此，第二次世界大战后的运输船舶发展阶段被称为柴油机船时代。

3. 水路运输的经营特性

水路运输（尤其是海运）的经营由于具有国际性，易受国际政治、经济、法律及外汇的影响，因而远较其他运输方式的复杂。其经营特性主要表现在以下几个方面：

（1）投资额巨大且回收期长。海运公司订造或购买船舶需巨额资金，如新造一艘大型集装箱船（运能3500TEU）造价为5000万~6000万美元。船舶是其固定资产，折旧期较长，一般多以20年为准。就投资而言，用于固定资产之比例远较其他企业为高，且船舶没有移作其他用途的可能。

（2）国际化经营且竞争激烈。海洋运输经营具有国际性。船舶航行于公海，需争取各国货载的运送任务。由于世界船舶严重过剩，因此，同行业间竞争激烈。同时，海运企业还需要面对其他运输方式的竞争。

（3）兴衰循环，运费收入不稳。海运市场也如经济景气变化，有其周期性循环，对于运费高低的影响很大。如世界经济景气，货物运输需求增加，则运费上扬，进而刺激造船业发展；一旦船舶吨位增加，又逢世界经济趋于低迷，则立即反映于海运市场，运费必定趋于下跌，随之导致造船业萎缩，海运企业甚至不得不将拆解以期减少吨位，提升运费。如此变化的结果，致使海运企业的运费收入很不稳定。

（4）舱位无法储存。海运企业的运输服务，不能像一般企业可随意减产或增产，也无法将货物及旅客舱位储存。例如定期班轮开航，若客货运量不能满载，剩余的舱位即为损失；反之，如超过客货载量，也无法预储舱位来应付超载容量。

（5）要尊重国际法律。海运企业经营系属世界性商务活动，除各国的海运法规外，对于国际公约与国际惯例也须予以尊重，以适应国际海运市场。各类法规主要包括：①国内法，如我国的对外籍船舶的管理法则，美国的海上货物运送条例、海运法等。②国际公约，如联合国海上获取运送公约等。③国际惯例，如国际商会联运单证统一规则等。

5.4.2 水路运输的工具

1. 水路运输工具概述

水路运输工具主要是各类船舶。船舶有很多种分类，可按用途、航行区域、航行状态、推进方式、动力装置和船体材料及船体数目等分类。如按用途分类，作为军事用途的称为舰艇或军舰；可用于交通运输、渔业、工程及研究开发的称为民用船舶。运送货物与旅客的船舶称为运输船，是民用船舶中的主要部分。

运输船舶又分为旅客船、客货船、货船等。其中，以载运货物为主要业务的船舶称为货船。在当今世界的商船中有95％以上为货船。由于造船技术的进步，使得货船在性能、设备方面日益改进，并因各种特殊货物而制造出各种不同的专用船舶。现代货船因所载货物种类不同，行驶航线不同，其构造、性能、速率、设备也各有不同，其发展日趋专业化。依承运货物种类不同可将主要的货船分为下列几种：

（1）杂货船。凡定期行驶于货运繁忙的固定航线港口，以装运零批件货或装运不能集装箱化的杂货为主要业务的商船，称为杂货船。因所装货物种类繁多，杂货船需具备装载各种不同货物的货舱与设备，如稳定设施和通风设施等。传统杂货船兼具装运集装箱设备者，称为半集装箱船。

（2）冷冻船。凡将鱼、肉、蔬菜、鲜果、鲜兽皮等货物装入保持一定温度的冷冻舱或冷藏舱内加以运输的船舶，称为冷冻船或冷藏船。冷冻船一般在其货舱内装有调节空气温度与湿度的冷藏机器及其设备；货舱舱壁及甲板、舱盖等均加装隔温材料以保持舱内温度。

（3）集装箱船。集装箱船是载运规格统一的标准货箱的货船。集装箱船具有卸载效率高、经济效益好等优点，因而得到了迅速发展。

2．集装箱船的分类

集装箱船可有下列两种主要的分类方法。

（1）按装运集装箱程度区分。

① 全集装箱船，即除了装载集装箱货物外，不兼载其他零批而未装箱的货或散装货的集装箱船。图5-14所示为全集装箱船。

② 半集装箱船，也称多途船，它是指除了装载整箱之集装箱货物外，也兼载其他零批杂货或其他散装货的船舶。船上除了具备装卸集装箱的起重机具外，还有装卸零星杂货的吊杆。这类集装箱船用途是多方面的。

（2）按装卸集装箱的方法区分。

① 吊上吊下型。此类集装箱船又称为舱格式集装箱船。集装箱在垂

图5-14 全集装箱船

直方向装卸。该类船货舱内装有类似细胞间隔结构，分别由角钢结构将其分隔。其每一空间大小适合一般标准类型集装箱的长宽。集装箱经由船上或岸上的桥式起重机自载货汽车边或岸边吊起，沿引导槽垂直放下或卸出。

② 驶进驶出型。此类集装箱船为最早使用的一种，船尾开一舱门供拖车驶进驶出，舱内集装箱置于车架上，舱门开启时，即有一钢制跳板伸出，架在船舱与码头之间，集装箱及拖车即经此门驶进舱内或驶出舱外。舱内的集装箱及车架，以预置的锁链固定于一

处，确保安全。

③ 浮进浮出型。此类船装载的集装箱为一种驳船，称为浮式集装箱。利用大起重机或特殊机具进行吊卸。

3. 其他货船分类

（1）散装货船。专供装运无包装货物的船舶称为散装货船，为不定期水运业的主要船舶。散装货物的数量庞大，价值低廉，运费负担能力较低，通常有定向性或季节性流动的特点。这类船舶舱口大，舱内无中层甲板，有永久性或半永久性的隔舱板。船上一般有抓斗或升降斗或真空传送机之类的装卸设备。

（2）木材船。凡专门用以运输木材或原木的船舶，称为木材船，为不定期水运业船舶之一。船舱宽大，舱内无梁柱及中层甲板，起重机需有10 t左右的起重能力，并置于高架台上或船楼甲板上。甲板两侧舷墙应加高，以使甲板上也能装载木材。

（3）液体货船。这类船舶多用来装运特种液体货物，如化学品类的硫酸、液化石油、液化天然气及液体硫磺之类的货物。这类船舶多将船舱分隔成若干密封货舱，彼此绝对隔离；管道及货舱内壁镀有特殊金属，以防腐蚀；无舱口，无吊杆设备，以管道等装卸液体货物。

（4）车辆运输船。这是专门设计用来运送车辆的船舶。将车开入车辆运输船，到达目的地后，直接开出船舱，无需起吊装卸设备。它设计有驶入驶出车道的舷门，甲板层数也较一般船舶为多。甲板上设有系栓车辆之设备，以免海上颠簸致使车辆碰撞，是运送车辆最合适的船舶。

（5）笨重船。这是指专门为装运超长、超重（重量在数十吨至数百吨）、超大货物而设计的船舶，如运装火车、小艇、锅炉、大型机器、飞机等的船舶。船上应有起重50 t以上至数百吨的起重机，舱口宽大，无二层舱，舱内设有系栓设备。

（6）油轮。以散装方式运输原油或燃料的专用船舶统称为油轮。它是近年来货船业发展最快的船舶。油轮都不直接停靠港口，而是在港外利用管道等系统装卸油品，装卸速度快，一般20万t原油可在24h内装毕或卸毕。

5.4.3 港口设施

1. 港口的作用

港口的概念可定义为：供船舶安全进出和锚泊，进行水—陆或水—水转运，以及为船舶提供各种服务设施的场所。图5-15所示为港口鸟瞰图。

图5-15 某港口鸟瞰图

为使船舶能在这些场所安全进出或锚泊，可利用天然岬角、岛屿或人工建筑物，使港口水域和外海隔开，以防止外海波浪的冲击，保护港域不被泥沙所淤塞。港口还应具有足够的水域面积和水深，以方便船舶进出与停泊。港口的转运功能是通过港口设置的过驳锚地、码头及陆上设置的装卸设备、库场以及交通运输系统实现的。此外，为维持港口业务的正常进行，港口还应配备相应的辅助设施，包括供水、供电、通信、导航、海关、商检、出入境管理、金融、贸易以及保险机构等。一个多功能的现代化国际港口，还应考虑临港工业、保税区、信息处理、后方仓储、生活供应和城市设施等条件。

由于港口功能的特殊性，沿海港口往往设有一定的管辖范围，即所谓的"港界"，包括必要的水域和陆域。我国是在审定港口总体布局规划的基础上，由行业主管部门和地方政府共同确定港口的具体范围的。港界以内由港口统一进行管理。

2. 港口的分类

根据目前国内外常用的分类方法，可按港口的功能、自然条件及建造方式对港口进行分类。

（1）按功能对港口进行分类。

① 商港。商港供一般商船进出与锚泊，主要是供货物装卸及旅客上下船，并且具备将客、货通过陆上交通（铁路、公路）转运出去的条件。部分港口同时具有水—水中转（内河或沿海）的功能。我国目前根据港口的重要性，将港口区分为枢纽港、重要港口和一般港口等几类；按管理体系，又将其区分为中央直属港及地方港两类。

② 工业港。工业港的主要特点是港口设施的全部或一部分直接服务于港区内的工业企业；货船直接停靠企业临近的码头，进行原材料或成品的装卸。国内外常见的有工业专用港及商、工兼用港两大类。前者如日本的鹿岛港，港口设施全部为几家大型企业服务。商、工兼用港较为常见，如上海港。它除具备一般的商港功能外，尚有为石化厂、钢铁厂、造船厂、电厂等大型企业直接服务的码头。

③ 渔港。港口设施转为渔业服务，如大连渔港、秦皇岛渔港等。部分港口由于历史原因形成了渔、商兼用港，如烟台港。

④ 轮渡港。轮渡港专用于汽车或火车轮渡。

⑤ 军港。军港供军舰、军用船舶的系泊、装运补给品之用。

⑥ 旅游港。旅游港一般是指游览参观船、游艇停泊和汽艇往来的港口。

（2）按自然条件对港口进行分类。

① 海岸港。海岸港位于一般海岸、海湾内，如我国的秦皇岛港、大连港、天津新港等均是海岸港。海岸港根据所在地区地质条件的不同，又可分为砂质、岩质及淤泥质三类港口。

② 河口港。港口位于直接受潮汐作用的河段，如营口港、广州港及上海港等。

③ 泄湖港。泄湖港是利用与海连通的泻湖建设的港口，如水东港、汕头港和洋港浦港等。

④ 河港。这是指位于河道内的港口，如重庆港、武汉港等。

⑤ 湖港。这是指建于天然湖泊或人工水库内的港口。

⑥ 运河港。这是指位于人工运河上的港口，如徐州港口、扬州港等。

(3) 按建设方式对港口进行分类。

① 天然港。这是指利用天然海湾、岛屿、泻湖口等自然条件建设的港口。

② 人工港。港口水域的形成，主要靠人工建筑物（如防波堤）或采取挖入的方式建成的港口，如我国的天津新港等。

(4) 按潮汐关系对港口进行分类。

① 闭合式。在潮差大的港口，利用高潮位增加码头水深，修建船闸将内港与外航道隔开；涨潮时开启，落潮时关闭，如英国伦敦港的大多数港区。

② 开敞式。港口水域直接与外海相通，绝大多数海港均属于此种类型。

(5) 按等级对港口进行分类。

各国划分港口等级的标准有所不同。将港分为若干等级，目的是便于港口的分级管理。在港口建设中，港口等级是确定港口建筑物技术指标的依据。我国目前是按港口的重要性，将港口划分为枢纽港、重要港及地方港三类。

3. 港口的水域设施

港口的水域设施包括港池、锚地与航道。

(1) 港池。港池一般是指码头附近的水域。它需要有足够深度与宽广的水域，供船舶靠离使用。港池有的是天然形成的，有的是由人工建筑物掩护而成，有的是人工开挖而成。

(2) 锚地。锚地是指港口中供船舶安全停泊、避风、海关边防检查、检疫、装卸货物和进行过驳编组作业的水域。对于开敞式海岸港口，锚地离进出航道要有一定距离，以不影响船舶进出为准；但又不能离进出口航道太远，否则不便于船舶进出港操作。过驳装卸的锚地不仅要考虑锚泊大船本身的回旋余地，还要考虑到过驳小船与装卸作业的安全。锚地水域面积的大小，根据港口进出口船舶艘次与风浪、潮水等统计数据而定。

(3) 航道。航道是指船舶进出港的通道。为保证安全通航，航道必须有足够的水深与宽度，不能弯曲度过大。为了避免搁浅、擦浅而造成船舶损失与环境污染，船舶在航行时必须在龙骨基线以下保持足够的水深。

4. 港口的陆上设施

为保证船舶货物的流通，港口要有配套的铁路、道路、仓库与堆场、港口装卸机械、给排水系统和供电系统等。

(1) 港口铁路。由于我国海港集中在东部沿海，腹地纵深大，铁路运输是货物集散的重要手段。完整的港口铁路应包括港口车站、分区车场、码头和库场的装卸线，以及连接各部分的港口铁路区间正线、联络线和连接线等。港口车站负责港口列车到发、交接、车辆编解集结；分区车场负责管辖范围内码头、库场的车组到发、编组及取送；港口铁路区间正线用于连接铁路接轨站与港口车站；装卸线承担货物的装卸作业；联络线连接分区车场与港口车站；连接线连接车场与装卸线。

(2) 港口道路。港口道路可分为港内道路与港外道路。港内道路由于要通行载货汽车与流动机械，对道路的轮压、车宽、纵坡与转弯半径等方面都有特殊要求。港内道路行车速度较低,一般为15km/h左右。港外道路是港区与城市道路与公路连接的通道。若通行一般的运输车辆,其功能及技术条件与普通道路相同。

(3) 仓库与堆场。港口是车船换装的地方,也是货物的集散地。出口货物需要在港口聚集成批等候装船;进口货物需要检查、分类或包装,等候散发转运。因此,港口必须具有足够容量的仓库与堆场,以保证港口的吞吐能力。港口仓库按所在位置可分为前方仓库与后方仓库。前方仓库位于码头的前沿地带,用于临时存储准备装船与从船上卸下的货物;后方仓库用于较长期存储货物,位于离码头较远处。按结构与用途,港口仓库划分为普通仓库和特种仓库(筒仓、油罐等)。普通仓库用于堆放杂货,也可堆放粮食或化肥等散装货物。筒仓主要用于存储散装水泥与粮食等。油罐主要用于存储油类等液体货物。随着海上油田的开采,还出现了大型的大海油库。

(4) 港口装卸机械。港口装卸机械是完成港口货物装卸的重要手段,用于船舶与车辆的装卸,货物的堆码、拆垛与转运等。港内流动的装卸机械有大型的轮胎式起重机、履带式起重机、浮式起重机,各种装卸搬运机械,如叉式装卸车、单斗车、索引车等,以及固定装卸机械油门座起重机、岸边起重机、集装箱起重机、连续输送机、斗式提升机、气力输送机和螺旋输送机等。

(5) 港口给水与排水系统。港口给水系统是为船舶和港口的生产、生活、环境保护与消防提供用水,根据不同用途可提供不同的水量、水压和水质。港口排水系统的任务是:及时地排出港区的生产、生活污水及地面雨水;对有害的污水必须进行净化处理,达到环境保护的要求后才能排放,以防止对周围水域的污染。

(6) 港口供电。港口供电的对象主要是:装卸机械,维修设备,港口作业辅助设施,照明、通信与导航设施等。

(7) 船舶基地。为了保证港口生产与安全,需要有各辅助船舶,如拖轮、供水船、燃料供应船、起重船、垃圾船、巡逻船、搜救船等。

(8) 港口通信系统。港口通信系统是保证港口与船舶高效与安全生产的重要手段。目前已广泛应用的有各类有线、无线通信与计算机网络通信等手段,主要用于港口生产、调度、安全保障等方面。

5. 航标

为了保证进出港船舶的航行安全,每个港口、航线附近的海岸均有各种助航设施。航标的主要功能是:为航行船舶提供定位信息;提供碍航物及其他航行警告信息;根据交通规则指示航行;指示特殊区域,如锚地、测量作业区、禁区等。可见,航标具有定位、警告、交通指示和指示特殊区域四方面的功能。

按照设置地点,航标可分为沿海航标与内河航标。沿海航标设立在沿海和河口地段,引导船舶沿海航行及进出港口与航行。它分为固定航标和水上浮动航标两种。固定航标设在岛屿、礁石、海岸上,包括灯塔、灯桩、立标等;水上浮动航标浮在水面上,用锚或沉锤、链牢固地系留在预定海床上,包括灯船与浮标。内河航标是设在江、河、湖泊、水库航道上的助航标志,用以标示内河航道的方向、界限与碍航物等,为船舶航行指示安全航道。它由航行标志、信号标志和专用标志三类组成。按照航标的工作原理分,有视觉航标、音响航标与无线电航标几类。

拓展阅读

公铁"驮背"联运将引领综合交通运输大发展

2016年11月10日至11日，中国铁路总公司在齐齐哈尔组织召开了专家评审会，对中车齐齐哈尔车辆有限公司与北京驮丰高新科技股份有限公司联合研制的我国第一代多式联运公铁驮背运输专用车（QT1、QT2型）样车进行了试用评审。来自中国铁路总公司、科研院所、高等院校及行业相关单位的20多名专家参加了评审会。

随着我国经济的快速发展，城市与地域间商品大物流格局发展的趋势日益突显，运输市场对商品的运输质量、运输时限、运输安全的要求也越来越高。相对于昂贵的空运和运量较小的公路运输，铁路以其运量大、速度快、安全性高占据着绝对优势，但在货物周转、与其他交通运输方式的衔接上一直存在短板。那么，如何实现现代运输业的高效、安全、节能环保、绿色低碳、大运量、全天候呢？

一直以来，我国物流业都在为降低能耗、减少污染、改善拥堵、促进运输业秩序化而努力。具有运量大、速度快、安全性高、绿色环保优势的铁路部门也做着各种尝试。铁路部门为了更好地服务运输，研制出了我国第一代多式联运公铁驮背运输专用车。据了解，QT1型驮背运输车用于公路汽车整车或半挂车运输，QT2型驮背运输车专用于公路半挂车甩挂运输。这两种车型能够充分利用我国铁路站场设施，满足公路货车整车、半挂车自行上下驮背车的要求，满足由铁路完成中长距离运输及"门到门"服务的运输市场需求。

作为我国第一代多式联运公铁驮背运输专用车，它不仅是我国加快发展多式联运、提高交通运输服务质量和效益的一项重大创新成果，更填补了我国铁路装备技术上的一项空白，为落实"互联网+"行动计划、促进现代运输与传统运输深度融合提供了重要的装备。不仅如此，此车的研制成功对于落实"一带一路"，长三角、珠三角经济圈与京津冀一体化建设，打造综合交通一体走廊、发展多种形式的多式联运，具有开创性意义。

此次样车通过试用评审，为我国驮背运输的开行和多式联运示范工程顺利实施提供了有力的装备保障，将进一步促进我国铁路公路一体化的公铁联运标准体系、运营管理体系、信息商务平台等，推动现代物流、交通运输方式的创新和铁路装备技术进步，推进我国综合交通运输体系健康发展，经济效益和社会效益十分显著。

（资料来源：中华铁道网，常小态）

本章小结

运输是物流的基本功能环节。交通运输设施是构成社会物流系统的基础设施。本部分针对各种交通运输的主要特点、技术、设施和装备进行了深入探讨，主要包括公路运输、铁路运输和水路运输、航空运输。

 小资料

公路运输业向物流业转化的探讨

1. 运输与物流的内在联系

交通运输是物流的功能要素之一，它在整个物流系统中居于核心地位。为实现良好的物流服务，运输作为物流服务的有机组成部分，必须满足在运输时间、运输频率、运输安全、运输可靠性和运输可获得性，网络及运输方式的衔接便利性，信息的及时性与准确性等方面的要求。

由于公路运输是门到门运输,比较灵活、机动,集散速度较快,适合城内配送等特点,随着我国高速公路逐渐成网,其在实效性和安全性方面的优势也日益突出。公路运输往往是物流服务的最终完成者。

2. 公路运输业的发展趋势

代表当今物流业最高水平的是新兴的、综合性的物流实体。综合物流企业具有服务广、服务质量高、市场适应性强和规模效益明显等特点。根据物流特点,大多数的公路运输企业可根据自身条件,开展网络化、规模化经营,发展跨省、干线公路运输,组建大型企业集团,为物流的发展创造组织与经营条件,逐渐主动向物流服务业进行转化。

(1) 公路运输企业开展物流业务的优势。公路运输往往是物流服务的最终完成者。从现有物流企业来看,其前身多是条件较好的运输企业。因为从公路运输企业发展起来的第三方物流公司,在利用原有运输资产的基础上,扩展服务业务,提供更为综合性的物流服务,具有一定优势。

另外,由于公路运输的运输成本在物流成本中所占比例较大,因此其合理化在物流管理中十分重要。所以,熟悉运输业务的公路运输企业开展物流业务,在对运输环节进行成本控制上也具有一定优势。

(2) 公路运输业向现代物流业转化的途径。

1) 改善经营组织与管理,提高技术装备水平,加快网络建设并发挥其作用。有条件、有实力的运输企业应积极尝试组建有第三方物流服务企业,探索现代信息技术的应用,如卫星定位系统(GPS)、地理信息系统(GIS)、电子信息传输系统(EDI)等。

2) 发展适应物流需求的运输工具。专用汽车是物流业的重要基础硬件。公路运输企业应积极筹措资金,有步骤地更新和调整运输设备,发展适应物流需求与环保需求的专用车辆,如集装箱和箱式半挂车、散装粉料、液体货物、危险品专用罐车、冷藏车、保温车等专用运输车辆,以全面提高运输效率、运输质量和运输安全性;发展零担运输、快件运输中常用的市内小型封闭货车等车辆,可适应小批量、时效性较强货物运输的需要。此外,为适应物流需求,载货汽车还应向大吨位、大功率、大体积、高速和专用性的方向发展。

3) 组建跨区域经营的企业,从上扩展运输服务范围,依托现有公路站场构建物流网络,加强与其他公路运输企业及其他运输方式企业的协作与联合。近期可重点发展城市内与城市周边地区间的短途货物配送及其他运输方式进行物流服务提供配套作业,条件成熟时亦可借助其他运输方式进行长距离物流服务。

实训练习

1. 解释下列术语

铁路运输　货运站　航空港　港口

2. 简答题

(1) 铁路运输主要由哪些设施设备组成?

(2) 货运站是如何分类的?

(3) 航空运输主要有哪些特点?

(4) 港口设施主要由哪些构成?

3. 拓展思考

通过本章的学习,你认为从事物流管理需要了解和掌握哪些有关铁路、公路、航空和水路运输技术与装备方面的知识?

第6章 仓储技术与装备

问题的提出

1. 如何看待仓储的作用?
2. 货架在货物存储中的作用有哪些?
3. 自动化仓库是怎样运作的?

本章导入

> 仓储是物流领域的一个中心环节,是物资集散的中间枢纽,主要包括物资的储存、保养、维护和管理等相关活动,在物流领域中起缓冲、调节、集散和平衡的作用,被称为"物流的支柱"。上海惠尔物流有限公司借助信息化成功地由一家传统运输公司转型为第三方物流公司。惠尔公司认为:"对于物流管理,仓库是核心,尽管利润点可能不在仓库。拿到仓库,运输就基本拿到了;拿到运输,但拿不到仓库的话,估计客户也很快会丢掉。所以,物流管理的核心是仓储管理,然后可上升到供应链管理。"基于这种认识,惠尔的整体物流系统建设把仓储管理系统摆在了首位,同时兼顾运输管理系统、客户关系管理系统、电子商务系统等。

6.1 仓储的概念及功能

6.1.1 仓储的概念

仓储是指通过仓库对物资进行储存和保管。它随着物资储存的产生而产生,又随着生产力的发展而发展。仓储是商品流通的重要环节之一,也是物流活动的重要支柱。在社会分工和专业化生产的条件下,为保持社会再生产过程的顺利进行,必须储存一定量的物资,以满足一定时间内社会生产和消费的需要。

在物流学中,储存是以改变物的时间状态为目的的活动,它的效用体现在克服产需之间的时间差异。在现实工作中,人们常常将库存、储备、储存、仓储几个概念混淆,这几个概念之间既有共同之处,也有区别。

首先,库存指的是仓库中处于暂时停滞状态的物资存量。这种暂时停滞状态可能由任何原因引起,而不一定是某种特殊的停滞。其原因大致有:①能动的各种形态的储备;②被动的各种形态的超储;③完全的积压。

其次,储备是一种有目的的储存物资的行动,也是这种有目的的行动和其对象总体的称谓。物资储备的目的是保证社会再生产连续不断地、有效地进行。所以,物资储备是一种能动的储存形式，或者说是有目的的、能动的生产领域和流通领域中物资的暂时停滞，尤其是指在生产与再生产、生产与消费之间的那种暂时停滞状态。

最后，储存是包含库存和设备在内的一种广泛的经济现象，是一切社会形态都存在的经济现象。在任何社会形态中，对于不论什么原因形成停滞的物资，也不论是什么种类的物资，在没有进入生产加工、消费、运输等活动之前或在这些活动结束之后，总是要存放起来，这就是储存。这种储存不一定在仓库中，可以是在任何位置，也有可能永远进入不了再生产和消费领域。我们把物品在仓库中的储存简称为仓储。

商品在储存过程中，由于商品本身自然属性及外界因素的影响，随时会发生各种各样的变化，从而降低产品的使用价值甚至丧失其使用价值。仓储商品保管就是研究商品性质以及商品在储存期间的质量变化规律，积极采取各种有效措施和科学的保管方法，创造一个适宜于商品储存的条件，维护商品在储存期间的安全，保护商品的质量和使用价值，最大限度地降低商品的损耗。

6.1.2 仓储的功能

仓储通过改变物的时间状态，克服产需之间的时间差异而在物流中获得时间效用。仓储不是一个完全静态过程，而是具有其基本的经济功能。

1. 支持生产

在生产领域，零部件对连续生产的意义重大，而且由于较长的前置时间、使用过程中的重大变化，对向外界的采购的物品进行安全储备是完全必要的。对此，大多数生产制造商都选择进行零部件仓储，以经济而又适时的方式，向生产线供应或"喂给"加工材料、零部件和装配件。

2. 整合

整合是指仓库接受来自不同制造工厂指定送往某地的物资，然后把它们整合成单一的一票装运。通过整合，有可能实现最低的运输费率，并减少在客户的收货站台处发生拥堵。

3. 分类和交叉站台

分类作业接收来自制造商的客户组合订货，并把它们装运到个别的客户处去。分类仓库或分类站把组合订货分类或分割成个别的订货，并安排当地的运输部门负责递送。由于长距离运输转移的是大批量装运，所以运输成本相对比较低，进行跟踪也不太困难。

交叉站台作业是先从多个制造商处运来整车的货物；收到产品后，有标签的按客户进行分类，没有标签的则按地点进行分配；然后，产品就像"交叉"一次的意思那样穿过"站台"装上指定去对应客户车的拖车；一旦该拖车装满了来自多个制造商的组合产品后，它就被放行运往客户。在此过程中，由于产品不需要储存，降低了在交叉站台设施处的搬运成本。此外，由于所有的车辆都进行了充分装载，更有效地利用了站台设施，使站台装卸利用率达到最大。

4. 加工/延期

加工/延期是指仓库通过承担加工或参与少量的制造活动创造价值。

5. 堆存与保管

全年生产季节性消费或季节性生产全年消费的产品，都必须通过堆存与保管提供存货缓冲，使生产活动在受到材料来源和库户需求的限制条件下提高效率。此外，生产或收获的产品，如果产出多少就销售多少，不进行保管，价格必然暴跌，为了防止这种情况的发生也需要把产品保管在仓库里。可见，保管在提高时间功效的同时还有调整价格的功能。堆存与保管为一种静止的状态，也可以说是时速为零的运输。在此期间，保管还含有保持商品品质不发生变化，即保持商品的实用价值或商品本身的市场价值。因此，我们说保管具有以调整供需为目的的调整时间和调整价格的双重功能。

6.2 仓储机械设备概述

仓储设备是指仓库进行作业、辅助作业以及保证仓库作业安全所必需的各种机械设备的总称。仓储机械设备主要包括仓库以及与其相关的配套设备，依据仓储设备的用途不同可以分为仓库收发站台设施设备、仓储装卸搬运设备、存储设施设备、计量设施设备以及分拣系统与装置等。其中装卸搬运设备同时还是货物运输过程中的重要设备。

仓储机械设备是仓储工作的重要组成部分，直接影响到仓储作业的整体运作效率。随着现代化仓库的建设，仓库机械化和自动化程度的不断提高，仓储设备也日益更新，朝着越来越经济、合理、适用、安全可靠和稳定等方面发展。仓库的种类繁多，各种仓库所处的地位不同，所承担的储存任务和储存物资的品种规格繁多、性能各异。因此，合理地选择和配置仓储机械设备对仓储作业的高效运作起着至关重要的作用。

6.2.1 仓储机械设备配置原则

在配置仓储设备时要遵循以下几个原则：

（1）适应性强。仓储机械设备的工作性能应与仓库可储存物品、作业量、出入库频率相适应。不同的仓储机械设备适合不同的储存物品。比如托盘货架适合于托盘化的物品，并配合叉车存取。仓储机械设备的总体工作性能应与仓库的日吞吐量相对应，仓库的日吞吐量与仓储机械的额定起重量、水平运行速度、升降速度以及设备的数量密切相关。对于专用性仓库，吞吐量大、收发作业并不频繁、作业量和作业时间均衡，应考虑选用起重荷载相对较大，工作繁忙程度较低的机械设备。对于综合性仓库，其吞吐量不大，但收发作业频繁，作业量和作业时间很不均衡，应考虑选用起重荷载相对较小、工作繁忙程度较高的机械设备，仓储机械的性能应与仓库出入库频率相适应。

（2）自动化程度高。选用自动化程度高的存取装置可以提高仓库的作业效率。从集成化的角度看，选择合适的货架和托盘，可以大大提高出入库的效率；从自动化的角度来考虑，在不超过投资限额和考虑投资回收的条件下，尽量应用自动化程度高的设备，以提高仓储作业的效率。因此，大型现代化仓库应尽量采用仓储高架叉车、巷道堆垛机、出入库自动输送机等。

（3）协调性强。仓储作业中的计量作业和搬运作业往往是同时进行的，如果计量作业和搬运作业的协调性不好，将会增加装卸搬运的次数、降低生产效率。因此，选用设备时应考虑搬运作业和计量作业同时完成，如可在带式输送机上安装计量感应装置，在输送过程中同时完成计量作业。

（4）经济性和技术性好。选择仓储机械设备时，应根据企业自身的条件和经营特点，在坚持技术先进、经济合理、操作方便的原则下，运用系统的思想，对设备进行技术性和经济性综合评价，选择合适的机械设备。在采用新设备时，尽管设备的投资额比较大，但应看到采用新设备所带来的生产率提高、劳动力节约和能源节省等收益。

6.2.2 仓储机械设备的主要种类

通常仓储机械设备按功能要求分成三大类：
（1）存货取货设备：货架、叉车、堆垛机械、起重运输机等。
（2）分拣配货设备：分拣机、托盘、搬运车、运输机械等。
（3）流通加工所需的作业机械、工具等。

6.3 叉车的运用与分类

6.3.1 叉车的基本分类

（1）内燃叉车。内燃叉车又分为普通内燃叉车、重型叉车、集装箱叉车和侧面叉车。

① 普通内燃叉车。一般采用柴油、汽油、液化石油气或天然气发动机作为动力，载荷能力 1.2~8t，作业通道宽度一般为 3.5~5m，考虑到尾气排放和噪声问题，通常用在室外、车间或其他对尾气排放和噪声没有特殊要求的场所。由于燃料补充方便，因此它可实现长时间的连续作业，而且能胜任在恶劣的环境下（如雨天）工作。

② 重型叉车。采用柴油发动机作为动力，承载能力 10~52t，一般用于货物较重的码头、钢铁等行业的户外作业。

③ 集装箱叉车。采用柴油发动机作为动力，承载能力 8~45t，一般分为空箱堆高机、重箱堆高机和集装箱正面吊。它应用于集装箱搬运，在集装箱堆场或港口码头作业。

④ 侧面叉车。采用柴油发动机作为动力，承载能力 3~6t。在不转弯的情况下，具有直接从侧面叉取货物的能力，因此主要用来叉取长条形的货物，如木条、钢筋等。

（2）电动叉车。它以电动机为动力，蓄电池为能源，承载能力 1~8t，作业通道宽度一般为 3.5~5m。由于没有污染、噪声小，因此它广泛应用于室内操作和其他对环境要求较高的工况，如医药、食品等行业。随着人们对环境保护的重视，电动叉车正在逐步取代内燃叉车。由于每组电池一般在工作约 8 小时后需要充电，因此对于多班制的工况需要配备备用电池。

（3）仓储叉车。仓储叉车主要是为仓库内货物搬运而设计的叉车。除了少数仓储叉车（如手动托盘叉车）采用人力驱动处，其他都以电动机驱动，因其车体紧凑、移动灵活、自重轻和环保性能好而在仓储业得到普遍应用。在多班作业时，电机驱动的仓储叉车需要有备用电池。

（4）搬运车。搬运车承载能力 1.6~3t，作业通道宽度一般为 2.3~2.8m，货叉提升高度一般在 210mm 左右，主要用于仓库内的水平搬运及货物装卸。有步行式、站驾式和坐驾式等三种操作方式，可根据效率要求选择。

(5) 堆垛车。电动托盘堆垛车分为全电动托盘堆垛车和半电动托盘堆垛车两种类型。顾名思义，前者行驶、升降都为电动控制，比较省力，而后者需要人工手动拉或者推着叉车行走，升降则是电动的。其承载能力为 1~2.5t，作业通道宽度一般为 2.3~2.8m，在结构上比电动托盘搬运叉车多了门架，货叉提升高度一般在 4.8m 内，主要用于仓库内的货物堆垛及装卸。

(6) 前移式车。其承载能力为 1~2.5t，门架可以整体前移或缩回，缩回时作业通道宽度一般为 2.7~3.2m，提升高度最高可达 11m 左右，常用于仓库内中等高度的堆垛、取货作业。

(7) 电动拣选车。在某些工况下（如超市的配送中心），不需要整托盘出货，而是按照订单拣选多种品种的货物组成一个托盘，此环节称为拣选。按照拣选货物的高度，电动拣选叉车可分为低位拣选叉车（2.5m 内）和中高位拣选叉车（最高可达 10m）。承载能力 2~2.5t（低位）、1~1.2t（中高位，带驾驶室提升）。

(8) 低位驾驶三向堆垛叉车。这种叉车通常配备一个三向堆垛头，叉车不需要转向，货叉旋转就可以实现两侧的货物堆垛和取货。其通道宽度 1.5~2m，提升高度可达 12m。叉车的驾驶室始终在地面不能提升，考虑到操作视野的限制，主要用于提升高度低于 6m 的工况。

(9) 高位驾驶三向堆垛叉车。与低位驾驶三向堆垛叉车类似，高位驾驶三向堆垛叉车也配有一个三向堆垛头，通道宽度 1.5~2m，提升高度可达 14.5m。其驾驶室可以提升，驾驶员可以清楚地观察到任何高度的货物，也可以进行拣选作业。高位驾驶三向堆垛叉车在效率和各种性能都优于低位驾驶三向堆垛叉车，因此该车型已经逐步替代低位驾驶三向堆垛叉车。

(10) 电动牵引车。这种牵引车采用电动机驱动，利用其牵引能力（3~25t），后面拉动几个装载货物的小车。它经常用于车间内或车间之间大批货物的运输，如汽车制造业仓库向装配线的运输、机场的行李运输。

6.3.2 叉车的作业要求与选型

叉车的基本作业功能分为水平搬运、堆垛/取货、装货/卸货、拣选。根据企业所要达到的作业功能，仓库可以从上面介绍的车型中初步选择。另外，特殊的作业功能会影响到叉车的具体配置，如搬运的是纸卷、铁液等，需要叉车安装属具来完成特殊功能。

叉车的作业要求包括托盘或货物规格、提升高度、作业通道宽度、爬坡度等一般要求，同时还需要考虑作业效率（不同的车型其效率不同）、作业习惯（如习惯坐驾还是站驾）等方面的要求。

如果企业需要搬运的货物或仓库环境对噪声或尾气排放等环保方面有要求，在选择车型和配置时应有所考虑。如果是在冷库中或是在有防爆要求的环境中，叉车的配置也应该是冷库型或防爆型的。仔细考察叉车作业时需要经过的地点，设想可能的问题，例如，出入库时门高对叉车是否有影响；进出电梯时，电梯高度和承载对叉车的影响；在楼上作业时，楼面承载是否达到相应要求，等等。

在选型和确定配置时，要向叉车供应商详细描述工况，并实地勘察，以确保选购的叉

车完全符合企业的需要。即使完成以上步骤的分析,仍然可能有几种车型同时都能满足上述要求。此时需要注意以下几个方面:

① 不同的车型,工作效率不同,那么需要的叉车数量、司机数量也不同,会导致一系列成本发生变化。

② 如果叉车在仓库内作业,不同车型所需的通道宽度不同,提升能力也有差异,由此会带来仓库布局的变化,如货物存储量的变化。

③ 车型及其数量的变化,会对车队管理等诸多方面产生影响。

④ 不同车型的市场保有量不同,其售后保障能力也不同。例如:低位驾驶三向堆垛叉车和高位驾驶三向堆垛叉车同属窄通道叉车系列,都可以在很窄的通道内(1.5~2m)完成堆垛、取货。但是前者驾驶室不能提升,因而操作视野较差,工作效率较低。由于后者能完全覆盖前者的功能,而且性能更出众,因此在欧洲后者的市场销量比前者超出4~5倍,在中国则达到6倍以上。因此大部分供应商都侧重发展高位驾驶三向堆垛叉车,而低位驾驶三向堆垛叉车只是用在小吨位、提升高度低(一般在6m以内)的工况下。在市场销量很少时,其售后服务的工程师数量、工程师经验、配件库存水平等服务能力就会相对较弱。

要对以上几个方面的影响综合评估后,选择最合理的方案。

6.4 货架的运用与管理

6.4.1 货架的概念与作用

1. 货架的概念

货架是一种架式结构物,泛指存放货物的架子。在物流领域,主要指用于存放成件物品或托盘化货物的保管设备。

2. 货架的作用与功能

仓库管理现代化与货架的种类、功能有直接的关系。货架的作用及功能有如下几方面:

(1) 货架是一种架式结构物,可充分利用仓库空间,提高库容利用率,扩大仓库储存能力。

(2) 存入货架中的货物,互不挤压,物资损耗小。货架可完整保护物资本身的功能,减少货物的损失。

(3) 货架中的货物,存取方便,便于清点、计量和出入库。

(4) 货架可以采取防潮、防尘、防盗、防破坏等措施,帮助提高物资存储质量。

(5) 很多新型货架的结构及功能有利于实现仓库的机械化及自动化管理。

6.4.2 货架的分类

货架的种类多种多样,根据不同的划分方式,可以分成不同类型。

(1) 按照货架发展形态的不同可分为传统式货架和新型货架。传统式货架包括:层架、层格式货架、抽屉式货架、橱柜式货架、U形架、悬臂架、栅架、鞍架、气罐筒架、轮胎专用货架等。新型货架包括：旋转式货架、移动式货架、装配式货架、调节式货架、托盘货架、进车式货架、高层货架、阁楼式货架、重力式货架、屏挂式货架等。

(2) 按照货架适用性的不同可分为通用货架和专用货架。

(3) 按照货架制造材料的不同可分为钢货架、钢筋混凝土货架、木质货架和钢木合制货架。

(4) 按照货架封闭性程度的不同可分为敞开式货架、半封闭式货架和封闭式货架。

(5) 按照货架结构的不同可分为层架、层格架、橱架、抽屉架、悬臂架、三角架和栅型架等。

(6) 按照货架可移动性的不同可分为固定式货架、移动式货架、旋转式货架、组合货架、可调式货架和流动储存货架。

(7) 按照货架高度的不同可分为底层货架（高度在5m以下）、中层货架（高度在5~15m）、高层货架（高度在15m以上）。

(8) 按照货架载重量的不同可分为轻型货架（每层货架的载重量在150kg以下）、中型货架（每层货架的载重量在150~500kg）、重型货架（每层货架的载重量在500kg以上）。

(9) 按照货架结构的不同可分为整体结构式和分体结构式。

(10) 按照货架载货方式的不同可分为悬臂式货架、橱柜式货架、棚板式货架。

(11) 按照货架构造的不同可分为组合可拆卸式货架和固定式货架。组合式货架以轻便、灵活、适用范围广为特点；固定式货架以牢固、承载大、刚性好为特点。组合式货架多用于平面仓库和分离式自动仓库，固定式货架多用于库架合一式自动仓库。其中，固定式货架又分为单元式货架、一般式货架、流动式货架、贯通式货架。

6.4.3 常用货架

1. 托盘货架

托盘货架是用来存放带托盘的货物的货架，如图6-1所示。托盘货架一般用钢材料或钢筋混凝土制成，在仓库的宽度方向分成若干排，其间有一条巷道，供堆垛机、叉车或其他搬运机械运行。每排货架沿仓库纵长方向分为若干列，在垂直方向又分成若干层，从而便于用托盘储存。

2. 悬臂式货架

悬臂式货架又称树枝形货架，由中间立柱向单侧或双侧伸出悬臂而成，如图6-2所示。悬臂可以是固定的，也可以是可调节的。为了防止所有储存材料出现破损，常常在货架上加上木质衬垫或橡胶衬垫。悬臂式货架适合存储长料和形状不规则的货物，诸如钢

图6-1 托盘货架

铁、木料、塑料等，其前伸的悬臂具有结构轻巧、载重能力好的特点，并且对存放不规则的或是长度较为特殊的物料时，能大幅度提高仓库的利用率和工作效率。如果库房空间小或高度很低，还可以根据具体情况适当增加隔板，因此与普通隔板式货架相比，利用率更高。

图 6-2　悬臂式货架

3. 贯通式货架

贯通式货架又称通廊式货架，是一种不以通道分割、连续性整体货架，用以储存大批量托盘化货物，如图 6-3 所示。其基本组成部分包括立柱、连接件、支撑件、斜拉杆等。贯通式货架仅适用于存储大批量、少品种的托盘化货物；理论上存储货物的种类数仅等于通廊数。

图 6-3　贯通式货架

4. 重力式货架

重力式货架又称压入式货架，属通廊式货架的变形，也是一种不以通道分割的连续性整体货架，用以储存大批量托盘化货物。重力式货架在货物移动的原理方面都是相同的，按下滑方式的不同可分为三种：导轨滑架式、辊道式和滚轮式。这种货架主要用于存货品种较少、批量较大，但要求存取速度较高的仓库，如图6-4所示。

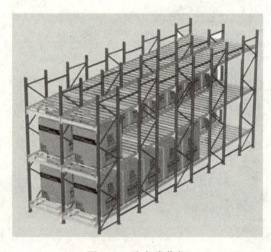

图6-4 重力式货架

5. 旋转式货架

旋转式货架又称职位回转式货架，是一种货格可旋转的货架。它与固定式货架不同，使用旋转式货架时，取货者不用走到货架的某个位置去取货，而是通过对货架的操作，使得货架的某个货格旋转到取货者旁，供取货者挑选。旋转式货架的货格形式多种多样，常见的有提篮状、盆状和盘状等，货格还可以根据具体情况和需要随时安装或拆卸，这样便于灵活地存储各种尺寸的货物。由于旋转式货架可灵活转动，并且拣货线路简捷，拣货效率高，因而在拣选时不易出现差错。它是为适应现代社会生产和生活资料由少品种、大批量向多品种、小批量发展的趋势而快速发展起来的一类现代化仓储货架，如图6-5所示。

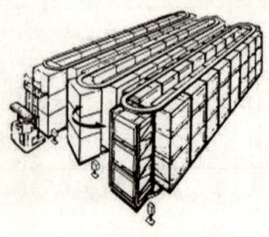

图6-5 旋转式货架

6. 阁楼式货架

阁楼式货架是把仓库空间设计成双层或双层以上形式的货架,如图 6-6 所示。阁楼式货架一般采用全组合式结构模式,采用专用轻钢楼板,将原有的储存区做楼层分隔。底层货架不但是存取货物场所,而其也是上层建筑的支柱。阁楼式货架主要适用于场地有限、货物的品种多、数量少的情况;也适用于现有旧仓库的技术改造,通过合理的改建,可以大大提高仓库的利用率。

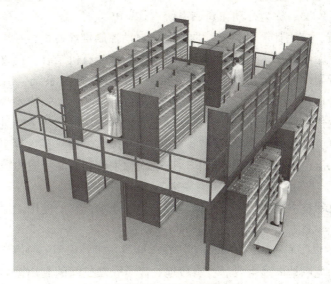

图 6-6　阁楼式货架

7. 移动货架

移动货架又称动力式货架,是指在货架的底部装有运动车轮,可在地面上运行的货架。它适用于库存品种多、出入频率较低的仓库,也可适用于库存频率高、但可按巷道顺序出入库的仓库,如图 6-7 所示。

图 6-7　移动货架

6.5 自动化立体仓库

6.5.1 自动化立体仓库的概念与特点

1. 自动化立体仓库的概念

自动化立体仓库又被称为自动化仓储系统（AS/RS），它是一种用高层立体货架（托盘系统）储存物资，应用计算机控制管理和应用自动控制堆垛机进行存取作业的仓库。因此，自动化立体仓库可以看作是自动化仓库与立体仓库的有机结合。此外，自动化立体仓库还是高层立体货架、巷道堆垛机、自动分拣系统、自动控制系统、出入库自动输送系统、计算机仓储管理系统及周边设施和设备组成的可对集装单元货物实现自动仓储的一个综合系统。随着现代物流的高速发展，自动化立体仓库的功能已从单纯进行物资的储存保管，发展到担负物资的接受、分类、计量、包装、分拣、配送、存盘等多项，这种变化有助于实现高效率物流，大容量储存物资，适应现代化生产和商品流通的需要。

2. 自动化立体仓库的特点

自动化立体仓库技术是现代物流仓储领域的最新技术，它的使用能够产生巨大的社会效益和经济效益。它具有以下特点：

（1）提高仓库单位面积的利用率。由于在仓储货物时，采用的是高层货架存储，存储区可以大幅度、大范围地向高空发展，有效地提高了仓储空间的利用率，因而大大提高了仓库的单位面积利用率。根据相关资料记载，目前世界上最高的立体仓库已达50m。

（2）提高劳动生产率，降低劳动强度。自动化立体仓库运用机械化、自动化、智能化设备对货物进行存储，运行和处理速度显著提高，从而大大提高了劳动生产率，同时降低了操作人员的劳动强度，有效地改善了作业人员的劳动条件。

（3）降低货物处理和信息处理过程中的差错率。由于自动化立体仓库运用计算机控制管理并对各种信息进行储存和处理，因此能减少货物及信息处理过程中的差错。相比而言，若利用人工管理，由于受较多人为因素的影响，很难做到高度的准确性。

（4）对生产与库存进行了有效的衔接，加快了物资的周转、降低了成本。由于采用自动化机械设备对物资进行处理，自动化程度明显提高，各种物料的库存周期缩短，物资周转加快，从而降低了总成本。同时，利用计算机管理能充分利用仓库的储存能力，可以随时掌握库存状况，容易实现先入先出，有效地避免了货物的自然老化、变质、生锈或发霉等，从而能够对库存进行有效的控制管理，降低了费用。

（5）适当加工，衔接产需，合理利用资源，提高效益。大多数的仓库或多或少地承担部分加工任务，比如为存储进行组装、出库前对货物进行包装等。利用自动化立体仓库可以提高原材料的利用率，同时能够提高材料的加工效率和设备的利用率，使得各种运输手段的效率充分发挥出来。通过存储环节，能够时刻掌握市场，能做到生产与市场需求有机结合，减少生产的盲目性。

（6）提高作业质量，保证货品在整个仓储过程的安全运行。自动化立体仓库通常采用集装单元化存储，对货物进行搬运时，搬运机械不直接与货物接触，因此有利于防止货物搬运过程中的意外破损，能够保证商品的完整性。

（7）为企业的生产指挥和决策提供科学的依据。自动化立体仓库的信息系统与企业的生产信息系统相连接，可实现企业信息共享及信息管理的自动化。企业管理人员可随时了解并掌握现有库存的情况，及时根据生产及市场情况对企业规划作出合理调整，科学地制订相应的战略和计划，指挥、检测和调整企业的行动，提高企业生产的应变能力和决策能力。同时，采用自动化立体仓库促进了企业对物资进行的科学管理，很大程度上减少了浪费，有利于生产均衡、有序地进行。

6.5.2 自动化立体仓库的类型

自动化立体仓库是一个复杂且综合的自动化系统，其作为一种特定的仓库形式，目前还没有统一的划分标准，一般常见的分类方法有以下几种。

1. 按照建筑形式分类

（1）整体式。整体式自动化立体仓库是指货架除具有储存货物的基本功能外，同时还作为建筑物的支撑结构，成为建筑物的一个构成部分，即货架与建筑物形成了一个整体。这种形式的仓库建筑费用低、抗震能力强，一般适用于高15m以上的大型自动化立体仓库。

（2）分离式。分离式自动化立体仓库是指储存货物的货架独立存在，建在建筑物的内部。它可以将现有的建筑物改造为自动化立体仓库，也可以将货架拆除，使建筑物用于其他目的。分离式自动化立体仓库的机构体与建筑物可以分开施工，施工期较短，投资费用较低，主要用于高度不大或已经有建筑物的情况，其高度一般在12m以下。

2. 按照货架结构分类

（1）货格式自动立体仓库。货格式自动立体仓库是应用较普遍的立体仓库，它的特点是每一层货架都由同一尺寸的货格组成，货格开口面向货架之间的通道，堆垛机械在货架之间的通道内行驶，完成货物的存取作业。

（2）贯通式自动立体仓库。贯通式自动立体仓库又称为流动式货架仓库，这种仓库的货架之间没有间隔，不设通道，货架组合成一个整体，货架纵向贯通，贯通的通道具有一定的坡度，在每一层货架底部安装滑道，使货物在自重的作用下沿着滑道从高处向低处运动。

（3）自动化柜式立体仓库。自动化柜式立体仓库是小型的可以移动的封闭立体仓库，由柜外壳、控制装置、操作盘、储物箱和传运装置组成，其主要特点是封闭性强、小型化和智能化，有很强的保密性。

（4）条形货架自动立体仓库。条形货架自动立体仓库是专门存放条形和筒形货物的立体仓库。

3. 按照负载的能力分类

（1）单元负载式。单元负载式自动仓库高度可达40m，储位量可达10万余个栈板，适用大型的仓库。一般使用的高度以6~15m为主，储位数在100~1000个左右。因此自动仓储制造商多以此高度（6~15m），将自动仓储的料架及存取机标准化，制造成各种不同高度的规格，并可配合使用各种不同栈板的规格（800~1500mm）及负载的高度。因此使用者在选用时可非常快速计算出系统的外形尺寸,并由于标准化及规格化,使施工的工期较短,且成本降低。而随着电控技术的不断进步,存取时间越来越快,以100个栈板存取为例,平均存取时间为70s/栈,故每小时可存取50个栈板。

(2) 轻负载式自动仓储。这种仓库以塑料篮容器为存取单位,荷重为50~100kg。一般适用于重量小的对象,如电子零件、精密机器零件、汽车零件、药品及化妆品等。

4. 按仓库所提供的储存条件分类

(1) 常温自动化立体仓库。其温度一般要求控制在5~40℃,相对湿度控制在90%以下。

(2) 低温自动化立体仓库。它又分为恒温仓库、冷藏仓库和冷冻仓库等几种形式:①恒温仓库是按照货物所求的存放条件(通常指的是温度和湿度条件)而设计的,根据货物的特性,可自动调节仓储的环境温度和湿度。②冷藏仓库的温度一般要求控制在0~5℃,它主要适用于蔬菜和水果的储存,要求库内有较高的湿度。③冷冻仓库的温度一般要求控制在-35~-2℃。由于这种仓库温度比较低,在这样的低温条件下,普通的钢材性质会发生变化,从而导致钢材的使用性能下降,因此在系统的总体设计及材料选择时都必须考虑到温度影响。

(3) 防爆型自动化立体仓库。它主要用来存放易燃、易爆等危险货物,其系统必须严格按照防爆的要求进行设计。

5. 按仓库在生产与流通中的作用分类

(1) 仓储中心型仓库。这类仓库一般以仓储为主。货物以单元化形态入库后,在货架上存储一定时间,待日后需要时再出库。大多数的立体仓库都是存储型仓库。

(2) 物流中心型仓库。在这类仓库里,货物出库时,根据客户订单的要求将不同的货物按照不同的数量重新选配组成新的货物单元,甚至还要对货物进行重新包装并贴上标签。这类仓库具有储存、发货、配送和流通加工等多功能。

6.5.3 自动化立体仓库的组成

自动化立体仓库主要由货物储存系统、货物存取和运输系统、货物控制和管理系统三大系统组成,并有与之相配套的供电系统、空调系统、消防报警系统、称重计量系统、包装系统、网络通信系统等。

1. 货物储存系统

高层货架是自动化立体仓库中最为主要的储存设备。货架存储所用的托盘、货箱、集装容器也属于储存设备。

2. 货物存取和传送系统

货物存取和传送系统的作用主要是用来完成货物存取、出入库作业。它一般由巷道堆垛机、堆垛叉车、自动导向车、出入库输送机和装卸机械等组成。

巷道堆垛机和堆垛叉车是自动化立体仓库中货物存取的主要设备。巷道堆垛机在各个高层货架间的巷道内来回往复移动,它的载重平台沿着堆垛机的支架上下移动,而巷道堆垛机的货叉沿平台左右移动。这样就可方便地将货物存入货架的货格里,或从货格中取出所需货物。

与巷道堆垛机相比，堆垛叉车的机动性要更好一些。它不但能在所处的巷道内从货架上取货物，还能将货物方便地转移到其他的巷道继续作业，甚至还可开到巷道外或仓库外进行作业，因此灵活性较好。

而输送机的作用在于将入库的货物输送到货架巷道口，以便供堆垛机械存入货格，或将取出的货物转送到货物要出库的位置，再通过叉车、起重机等装卸机械完成所需入库卸车和出库装车。

3. 控制和管理系统

控制系统的选用一般是根据自动化立体仓库的要求来决定的。有的仓库只对存取堆垛机、出入库输送机的单台 PIC 采取控制，有的仓库则对单台机械实行联网控制，还有的仓库采用先进的三级计算机管理和监控系统。

自动化立体仓库所采用的三级计算机管理和监控系统主要由控制系统、监控系统和计算机管理系统构成。其中，控制系统是自动化立体仓库是否能成功运行的关键。输入控制器的相关指令，可以保证各种机械可以顺序运行，又可以并行运行。监控系统是自动化立体仓库的信息枢纽。系统对仓库中各类设备的运行任务、运行路线和运行方向进行监控和统一调度，保证使它们按照指挥系统的指令进行货物的搬运活动，而计算机管理系统是自动化立体仓库的指挥中心，主要用来完成自动化立体仓库的高级管理工作，如账目管理、库存管理、货位管理及信息跟踪的数据管理。

6.5.4　自动化立体仓库的适用条件

自动化立体仓库是在社会生产力和科学技术不断发展进步的情况下，为适应发展的趋势而产生的一种现代化仓储管理技术。为能发挥其应有的效能，自动化立体仓库必须具备以下几个条件：

（1）货物的仓储总量必须足够大，而且要求货物出入库作业频繁，或流量比较稳定，否则，就会造成仓储空间的极度浪费，仓储设施、设备闲置等不良状况，不利于自动化立体仓库优势的充分发挥，很难实现规模效益。

（2）需要有大量的资金投入。自动化立体仓库不仅需要大量的建筑投资，还需要相应的配套设施与设备的投入，这就要求在初期投入时，还要充分考虑设施与设备的使用维护费用。所以，自动化立体仓库需要投入相当多的资金，拟建库的企业需要具备雄厚的资金实力，切忌未经过充分论证就进行盲目投资。

（3）需要拥有一支高素质的专业技术队伍。从自动化立体仓库的规划设计到投入使用的整个过程中，自动化立体仓库的每个子系统的正常运行和维护都需要具有相应的专业知识的人员来进行。另外，自动化立体仓库的管理和使用，不仅要求工作人员具备较高的专业技术素质，还要有高度的责任心。

（4）对货品包装严格要求。自动化立体仓库利用自动存取装置（巷道式堆垛机）及高层货架来对货物进行储存和搬运，同时，采用自动化运输设备进行货物的配送，因此，货物的包装必须符合有关标准的要求，货物的外包装要统一规格尺寸，以保证仓库作业的顺利进行。

（5）仓库的建筑地面必须具有足够的承载能力。由于自动化立体仓库的仓容量大、吞吐量大、单位面积利用率也比较大，这就要求仓库单位面积的承载能力必须大于仓库设计要求的单位面积的承载能力。

总之，自动化立体仓库的建设必须要综合、全面地考虑各方面的因素，密切结合实际，切勿盲目投资兴建，否则将会造成严重的损失。

 拓展阅读

蒙牛乳业自动化立体仓库

内蒙古蒙牛乳业泰安有限公司乳制品自动化立体仓库，是蒙牛乳业公司委托太原刚玉物流工程有限公司设计制造的第三座自动化立体仓库。该库后端与泰安公司乳制品生产线相衔接，与出库区相连接，库内主要存放成品纯鲜奶和成品瓶装酸奶。库区面积8323m^2，货架最大高度21m，托盘尺寸1200mm×1000mm，库内货位总数19632个。其中，常温区货位数14964个；低温区货位数46687个。入库能力150盘/h，出库能力300盘/h。出入库采用联机自动。

1. 工艺流程及库区布置

根据用户存储温度的不同要求，该库划分为常温和低温两个区域。常温区保存鲜奶成品，低温区配置制冷设备，恒温4℃，存储瓶装酸奶。按照生产——存储——配送的工艺及奶制品的工艺要求，经方案模拟仿真优化，最终确定库区划分为入库区、储存区、托盘（外调）回流区、出库区、维修区和计算机管理控制室6个区域。

入库区由66台链式输送机、3台双工位高速梭车组成，负责将生产线码垛区完成的整盘货物转入各入库口。双工位穿梭车则负责生产线端输送机输出的货物向各巷道入库口的分配、转动及空托盘回送。

储存区有高层货架和17台巷道堆垛机。高层货架采用双托盘货位，完成货物的存储功能。巷道堆垛机则按照指令完成从入库输送机到目标的取货、搬运、存货及从目标货位到出货输送机的取货、搬运、出货任务。

托盘（外调）回流区分别设在常温储存区和低温储存区内部，由12台出库口输送机、14台入库口输送机、巷道堆垛机和货架组成，分别完成空托盘回收、存储、回送、外调货物入库、剩余产品、退库产品入库、回送等工作。

出库区设置在出库口外端，分为货物暂存区和装车区，由34台出库输送机、叉车和运输车辆组成。叉车司机通过电子看板、RF终端扫描来辅助叉车完成装车作业，反馈发送信息。

维修区设在穿梭车轨道外一侧，在某台空梭车更换配件或处理故障时，其他穿梭车仍旧可以正常工作。

计算机控制室设在二楼，用于出入库登记、出入库调度、管理和联机控制。

2. 仓储物流控制监控系统

自动化立体仓库控制与监控系统是实现仓储作业自动化、智能化的核心系统，它负责管理仓储物流信息系统的作业队列，并把作业队列解析为自动化仓储设备的指令队列，根据设备的运行状况指挥协调设备的运行。同时，本系统以动态仿真人机交互界面监控自动化仓储设备的运行状况。

系统包括作业管理、作业调度、作业跟踪、自动联机入库、设备监控、设备组态、设备管理等几个功能模块。

3. 结论

自动化立体仓库项目于2004年9月通过正式验收，各项技术参数和性能指标均达到设计要求，经过试运行及投产运行，全库设备运行稳定，得到用户的良好评价。

本章小结

仓储是物流最为基础的核心功能环节。本章详细介绍了仓储作业的职能、流程以及仓储系统的主要参数，并详细介绍了储存设备的类别，特别深入介绍了货架的常用结构以及各自的特点，并介绍了仓库附属设施及设备。

小资料

资料1　正泰集团采用自动化立体仓库，提高物流速度

正泰集团公司是中国目前低压电器行业最大的产销企业之一，主要设计制造各种低压工业电器、部分中高压电器、电气成套设备、汽车电器、通信电器、仪器仪表等，其产品达150多个系列、5000多个品种，20000多种规格。在全国低压电器行业中，正泰首先在国内建立了3级分销网络体系，经销商达1000多家，原材料、零部件供应网络体系的协作厂家达1200多家。

现仅就正泰的自动化立体仓库运作状况作如下介绍：

立体仓库的功能

正泰集团公司自动化立体仓库是公司物流系统中的一个重要部分。它在计算机管理系统的高度指挥下，高效、便捷地储存各种型号的低压电器成品。准确、实时、灵活地向各销售部门提供所需产成品，并为物资采购、生产调度、计划制订、产销衔接提供了准确信息。同时，它还具有节省用地、减轻劳动强度、提高物流效率、降低储运损耗、减少流动资金积压等功能。

立体仓库的工作流程

正泰自动化立体仓库占地面积在1600m²（入库小车通道不占用库房面积），高度近18m，3个巷道（6排货架）。作业方式为整盘入库，整盘出库，库外拣选。其基本工作流程如下：

（1）入库流程。仓库二、三、四层两端六个人入库区各设一台入库终端，每个巷道口各设两个成品入库台。需入库的成品经入库终端操作员键入产品名称、规格型号和数量，控制系统通过人机界面接收入库数据，按照均匀分配、先下后上、下重上轻、就近入库、ABC分类等原则，管理计算器自动分配一个货位，并提示入库巷道。搬运工可依据提示，将装在标准托盘上的货物由小蓄电池车送至该巷道的入库台上，监控机指令堆垛将货盘存放于指定货位，同时，在入户机上形成入库单。

库存数据入库处理分两种类型：一种是需操作员在产品入库之前或入库之后，将已入库的托盘上的产品的名称（或代码）、型号、规格、数量、入库日期、生产单位等信息在入库客户机通过人机界面而输入，另一种是空盘入库。

（2）出库流程。底层两端为成品出库区，中央控制室和终端室各设一台出库终端。在每一个巷道口设有一LED显示屏的成品，经操作员键入产品名称、规格、型号和数量后，控制系统按照先进先出、就近出库、出库优先等原则，查出满足出库条件且数量相当或略多的货盘，修改相应的账目数据，自动地将需出库的各类成品货盘送至各个巷道口的出库台上，经蓄电池车将之取出产送至汽车上。同时，出库系统在完成出库作业之后，在客户机上形成出库单。

（3）回库空盘处理流程。底层出库后的部分空盘经人工叠盘后，操作员键入空托盘回库作业命令，搬运工依据提示用蓄电池车送至底层某个巷道口，堆垛机自动将空托盘送回立体库二、三、四层的原入口处，再由各车间将空托盘拉走，形成一定的周转量。

立体库主要设施

（1）托盘。所有货物均采用统一规格化的钢制托盘，以提高互换性，降低备用量。此种托盘能满足堆垛机、叉车等设备装卸，又可满足在输送机上平衡运行。

(2) 高层货架。仓库采用特制的组合式货架，栋梁结构。该货架结构美观大方，省料实用，易安装施工，是一种优化的设计结构。

(3) 巷道式堆垛机。根据本仓库的特点，堆垛机采用下部支承、下部驱动、双立柱式的结构。该堆垛机在高层货架的巷道内按X、Y、Z三个坐标方向运行，将位于各巷道口入库台的产品存入指定的货格，或将货格内的产品取出运送到巷道口出库台。

该堆垛机设计与制造严格按照国家标准进行，并对结构强度和刚性进行精密计算，以保证机构运行平稳、灵活、安全。堆垛机配备有安全运行机构，以杜绝偶发事故。其运行速度为 4~80mm/min（变频调速），升降速度为 2m/min 和 16m/min（双速电动机），货叉速度为 2~15mm/min（变频调速），通信方式为红外线，供电方式为滑触导线方式。

计算机管理及监控调度系统

(1) 该系统不仅对信息流进行管理，同时也对物流进行管理和控制，集信息与物流于一体，同时，还对立体库所有出入库作业进行最佳分配及登录控制，并对数据进行统计分析，以便对物流实现宏观调控，最大限度地降低库存量及资金的占用，加速资金周转。

(2) 在日常存取活动中，尤其是库外捡选作业中，难免会出现产品存取差错，因而必须定期进行盘库。盘库处理通过以每种产品的实际清点来核实库存产品数据的准确性，并及时修正库存账目，达到账、物统一。盘库期间堆垛机将不做其他类型的作业。在操作时，即对某一巷道的堆垛机发出完全盘库指令，堆垛机按顺序将本巷道内的货物逐次运送到巷道外，产品不下堆垛机，待得到回库的命令后，再将本盘货物送回原位并取出下一盘产品，依此类推，直到本巷道所有托盘产品全部盘点完毕，或接收到管理系统下达的盘库完毕便接收到盘库暂停命令，等接到新的指令后，继续完成盘库作业。

正泰集团公司高效的仓储系统大大降低了物资库存周期，提高了资金的周转速度，减少了物流成本和管理费用。自动化立体仓库作为现代化的物流设施，对提高该公司的仓储自动化水平无疑具有重要的作用。

资料2　德马泰克高效堆垛机

德马泰克高效堆垛机（Dematic Rapidstore UL）是一款专为满足国内市场而设计的全新托盘存取系统。它是自动存取托盘的解决方案，具有可靠、速度快、节省空间的特点。RapidStore 集德国设计与中国制造之所长，品质出众，价格极具竞争力。

高效堆垛机系统品质出众、性能卓越、价值极具竞争力，它集上述所长，有各种规格和速度可选，能精确满足存取和处理需求，适用于新建仓库，亦可集成到现有的仓库内使用。

提高空间利用率和效能

与传统的物料存取系统相比，高效堆垛机只需比前者更小的建筑空间就能处理同等数量的托盘或单元货，节约大量土地和建筑用地，大幅降低租赁成本。

高效堆垛机循环作业速度快于窄巷道人工作业叉车，可全天候（24/7）运行，系统全方位自动化大幅减少人力，降低运营成本，投资回报率高。

高效堆垛机系统能在仅宽于托盘200mm 的巷道内处理重达1800kg 的货物，十分经济。随货重、系统高度和巷道长度等参数变化，系统最高可达46m，处理速度最快每小时可超60 次双循环，如图6-8 所示。

过去几十年时间，德马泰克在全球成功实施超过10000 台堆垛机和3500 多套自动存储系统。

图 6-8　堆垛机 3D 示意图

实训练习

1. 解释下列术语

仓储　货架　自动化立体仓库

2. 简答题

（1）仓储装备主要由哪些设施设备组成？

（2）货架是如何分类的？

（3）自动化立体仓库主要有哪些特点？

3. 拓展思考

通过本章的学习，你认为在从事物流管理过程中需要了解和掌握哪些有关仓储方面的知识？

第 7 章 配送技术与装备

📓 **问题的提出**

1. 选择物流设备要遵循哪些原则？
2. 物流配送中心常用的设备包括哪些类型？
3. 物流配送中心的分拣设备如何分类？

💳 **本章导入**

在物流配送中心内部的收发货作业、搬运作业、拣选作业以及其他增值服务作业都是有机联系的，需要从总体优化的角度对物流机械设备进行规划和选用。

全球很多优秀企业的物流配送中心，其机械设备和设施的选择并不相同。比如在 BIG-W（澳大利亚）物流配送中心（南半球最大的商业物流配送中心），高速分拣机占据了其平面布局的一半；而在沃尔玛深圳的物流配送中心，大量的无线射频应用设备使其物流运作非常灵活；还有在 7-11 的物流配送中心，电子标签系统承担着物流作业的主力，这在其他地方是看不到的。种种实际案例说明了物流配送中心的作业需求决定着物流设备的选择结果，只有最适合该企业作业需求的设备才是最好的。

7.1 配送中心与配送中心机械设备概述

7.1.1 配送中心概述

配送中心（如图 7-1）是接受并处理末端用户的订货信息，对上游运来的多品种货物进行分拣，根据用户订货要求进行拣选、加工、组配等作业，并进行送货的设施和机构。

图 7-1　配送中心区

《物流手册》对配送中心的定义是:"配送中心是从供应者手中接受多种大量的货物,进行倒装、分类、保管、流通加工和情报处理等作业,然后按照众多需要者的订货要求备齐货物,以令人满意的服务水平进行配送的设施。"

配送中心通过对配送活动的科学管理和运作,按照用户的要求及时将各种配装好的货物送交到用户手中,以获得满意的服务质量、服务效率和经济效益。可以说,配送中心是从事配送活动的现代化物流设施。配送中的常见形态如图 7-1 所示。

7.1.2 配送中心的功能

物流活动是指物流功能的实施与管理过程。它是由物资包装、装卸、运输、储存、流通加工、配送、物流情报等项工作构成。完成物流活动就要确定物流线路,而物流节点就是物流网络中连接物流线路的结节之处。配送环节是完善运输和整个物流系统的必要过程,作为物流节点的配送中心尤为重要。配送中心的功能包括:储存保管功能、分拣配货功能、货物集散功能、加工配送功能、衔接功能。

1. 储存保管功能

配送中心的服务对象是为数众多的企业和商业网点,为了顺利而有序地完成向用户配送商品(货物)的任务及更好地发挥保障生产和消费需要的作用,通常,配送中心都要建有现代化的仓库并配备一定数量的仓储设备。某些区域性大型配送中心和开展"代理交货"配送业务的配送中心,不但要在配送货物的过程中储存货物,而且它所储存的货物数量更大、品种更多。不难看出,储存功能乃是这种物流组织的重要功能之一。

2. 分拣配货功能

作为物流节点的配送中心,其服务对象是为数众多的企业,少则有几十家,多则有数百家。这些众多的客户不仅各自的性质不尽相同,而且其经营规模也不一样。因此,在订货或进货的时候,为了能同时向不同的用户配送很多种货物,配送中心必须采取适当的方式对货物进行拣选,并在此基础上,按照配送计划分装和配装货物。配送中心这种分拣货物的功能,发挥了分拣中心的作用。

3. 货物集散功能

配送中心是物流系统化中物流网络体系的节点,具有货物集散的功能。在物流实践中,配送中心凭借其特殊的地位和其拥有的各种先进的设施和设备,能够将分散在各个生产企业的产品集中到一起。然后经过分拣、配装,向多家用户进行发运。同时,配送中心也可做到把各个用户所需要的多种货物有效地组合在一起,形成经济、合理的货载批量。

4. 加工配送功能

在配送中心中设置流通加工环节,或是将流通加工中心与配送中心建立在一起配送中心就有了加工功能。目前,为了扩大经营范围和提高配送水平,国内外许多配送中心都配备了各种加工设备,由此形成了一定的加工能力。这些配送中心能够按照用户提出的要求和根据合理配送商品的原则,将组织进来的货物加工成一定的规格、尺寸和形状,由此而形成了加工功能。这种功能不但大大方便了用户,而且也有利于提高物质资源的利用效率和配送效率。

5. 衔接功能

配送中心具有衔接功能。它通过开展货物配送活动，能把各种工业品和农产品直接运送到用户手中，客观上可以起到媒介生产和消费的作用。此外，通过集货和储存货物，配送中心又有平衡供求的作用，由此能有效地解决季节性货物的产需衔接问题。

7.1.3 配送中心的基本作业流程

配送中心的种类很多，其内部的结构和运作方式也不相同。一般来讲，中、小件货物的品种规格复杂，其配送具有典型意义，所以配送中心的一般流程是以中、小件杂货配送为代表。由于货种多，为保证配送，需要有一定储存量，属于有储存功能的配送中心，理货、分类、配货、配装的功能要求较强，但一般来讲，很少有流通加工的功能。这种流程也可以说是配送中心的典型流程，其主要特点是：有较大的储存场所，分货、拣选、配货场所及装备也较大。

整个配送中心的基本作业过程（如图 7-2 所示）包括：

① 收货：把货物从货车上卸下，并核对该货物的数量及状态，根据收货单完成货物验收，最后记录必要的信息或录入计算机。

② 入库储存：放入仓库，并对商品或物料进行合理储放和保管。

③ 补货：从保管区域将货物移到拣货区域，并作相应的信息处理，并向存货不足的货架补充货物。

④ 拣货：根据订货单内容拣选出相应数量的货物集中到一起。

⑤ 分拣：货物根据订单的目的地流向指定的出口。

⑥ 复核：复核人员根据订单人工复核实际货物。

⑦ 出库：复核无误后，装入合适容器做好标示，将货物运至出货准备区，最后装车配送。

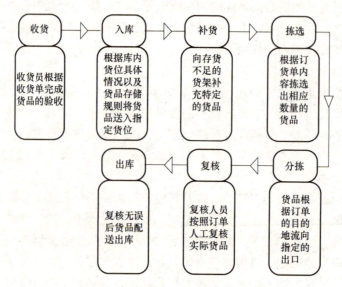

图 7-2 一般配送中心基本作业流程

7.2 配送机械设备系统与配置

7.2.1 配送机械设备概述

配送中心是在物流活动中较为重要的物流节点。配送中心要实现配送任务，一般具有集散和接收，储存，分货，理货，配货，装卸和搬运，包装，流通加工，送货，信息收集、传递、服务等功能。要实现这些功能，须配备完善的机械设备系统。这类机械设备系统便是配送机械设备。该机械设备系统综合运用了物流机械设备，是实现配送的手段和保证。

7.2.2 配送机械设备系统的构成

在配送中心要开展大规模的配送活动，必须根据配送活动的特点、作业流程、货物种类等要求，相应地配置各种配送机械设备。配送机械设备是实现配送业务的重要手段和技术保证，是建立迅速、安全、正确、廉价作业体系的基础。一般综合性配送中心具有以下机械系统构成：装卸，搬运系统、连续输送系统、检验计量系统、分货拣货系统、储存系统、流通加工系统、包装系统及信息处理系统。

1. 装卸搬运系统

装卸机械设备系统主要设置在进货场、配货发送场和仓库内，它的主要任务是：把货物从进货车辆，如火车、载货汽车、船舶上卸下来，在进货场临时堆码；在配货发送场把货物装上汽车，以便送货；在配送中心仓库内，向货架上存取货物。

在进货场和配货发送场中设置的主要机械设备有：叉车和各种起重机械，如汽车起重机、轮胎起重机、桥式起重机、龙门起重机、门座起重机等。

在配送中心仓库内向货架上存取货物的主要机械设备有叉车、轨巷道堆垛机、无轨巷道堆垛机和固定式堆垛起重机等。叉车主要用于低层货架；巷道堆垛起重机主要用于中、高层货架上存取货物；固定式堆垛机主要用于旋转式货架上存取货物。

装卸搬运车辆主要用于配送中心中较长距离地运送货物。装卸搬运车辆主要有叉车、牵引车、托盘搬运车、电动搬运车、自动导引搬运车（如图7-3所示）等。

图7-3　自动导引搬运车

2. 连续输送系统

连续输送系统主要设置在进货场、检验场、分拣场、配货发送场、仓库和流通加工车间之间。在配送中心，连续输送机械设备主要有带式输送机、滚子输送机（如图7-4所示）、链式输送机，这类输送机主要应用在各部分之间的输送距离不长的场合。

图7-4 滚子输送机

3. 检测计量系统

由于配送中心是大批量、多品种地进货,一般只能按照订货单进行外观、重量、数量、规格等方面的检验。在重量检测方面主要运用的机械设备是电子台秤、吊钩电子秤、地中衡、轨道衡等。在规格尺寸检测上,主要使用光电检测装置、激光检测装置等;对于粉料、液体等货物的检测主要运用电子流量计等;成件包装或单元化货物则使用电子计数装置等。

4. 分货拣货系统

目前,国内外大型配送中心大都应用了拣选机械设备和分货机械设备,它们的劳动生产率高,自动化程度高,技术密集,分拣能力强,已成为配送中心的核心技术设备。

拣选机械设备主要包括拣选式叉车、拣选式升降机、拣选式巷道堆垛机(如图7-5所示)。分拣作业用的拣选机利用电子计算机,可在其显示盘上显示要求拣选货物的品种、数量、层数,分拣人员根据显示盘的指令,便可把拣选机调整到指定位置,直接进行拣选作业。

图7-5 拣选式巷道堆垛机

5. 储存系统

配送中心保持一定储备量是非常重要的,其主要原因在于保持正常连续地配送,防止缺货。为保持适当规模并提高配送能力,储存机械设备和设施不宜占用太大面积,因而常采用各种类型的货架,使存、取货物便利。货架的种类主要有普通货架、单元货架、重力式货架、贯穿式货架、旋转式货架等。

6. 流通加工机械设备系统

流通加工是配送中心的重要功能之一。目前，配送中心使用的流通加工机械多为剪板机（如图 7-6 所示）、折弯机、玻璃切割设备、锯床等。

7. 包装机械设备系统

该系统主要是对货物进行集装、分装以及防变质包装等。集装的机械设备有捆扎机（如图 7-7 所示）、集装机、装罐机等；分装的机械设备有小型的自动定量分装机械设备、热收缩包装机、拉伸包装机等；防变质的包装机械设备有防潮包装、防锈包装、充气包装机等。

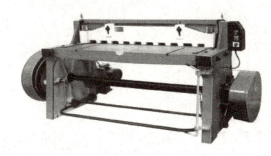

图 7-6　剪板机

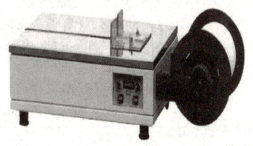

图 7-7　捆扎机

8. 信息处理系统

配送中心的信息处理系统，主要包括电子计算机及其网络、信息识别装置、传票传递装置、通信设备等。

7.2.3　配送中心机械设备的配置

1. 配送中心机械设备的配置原则

配送中心机械设备的配置原则有：设备应该尽量标准化、系列化；应该适应配送中心处理货物的特性；应该形成特色；应该能够满足客户的需求和服务要求；应该具有较高的耐用性、较高的生存率和较好的经济性；配置的配送机械设备应该逐步提高，不能只求快、求多。

2. 配送中心机械设备的配置方法

配送中心机械设备的水平层次分为机械化、半自动化系统、自动化系统。

配送中心机械设备的配置方法步骤如下：

① 根据配送中心的职能、发货量的大小、货物的特性以及确定的配送机械设备技术层次，选择每个作业区的主要机械设备。

② 用多目标数学规划建模。需要达到四个重要目标：配送机械投资额最小、运营费用最低、作业生产率最高、应急保障能力最强。

③ 根据实际情况确定模型中的参数值，通过模型求解，可形成较好的配送机械设备的配置方案。

④ 对配置方案进行技术经济分析，选择最佳方案。

7.3 配送核心作业机械设备的配套运用与管理

1. 配套形式

按照配送中心处理的货物不同，机械设备配套形式可分为：
① 金属材料配送系统的机械设备配套形式。
② 煤炭配送系统的机械设备配套形式。
③ 水泥配送系统的机械设备配套形式。
④ 木材配送系统的机械设备配套形式。
⑤ 液体类化工产品配送系统的机械设备配套形式。
⑥ 机电产品及小件杂品配送系统的机械设备配套形式。
⑦ 食品配送系统的机械设备配套形式。

核心作业配套形式如表 7-1 所示。

表 7-1 核心作业配套形式

拣选机械设备的配套形式	分 拣
低货架、手推拣选小车与人工拣选	手推车与人工分货
低货架、搬运车或牵引车与人工拣选	小型搬运车与人工分货
低货架、皮带输送机与人工拣选	皮带输送机与人工分货
中层货架、装卸搬运车辆与人工或机械拣选	叉车或巷道起重机与装卸搬运车辆
高层货架、堆垛机与输送机	输送机系统和装卸搬运车辆
垂直旋转货架与搬运车辆	自动分拣机系统
水平旋转货架、拣选升降机与输送机或搬运车辆	

2. 设备管理

配送中心的设备管理可分为：
① 配送机械设备的前期管理。
② 配送机械设备的现场管理。
③ 配送机械设备的备件管理。

其管理内容主要包括计划管理、技术管理、供应管理、仓库管理、经济管理等。

7.4 自动分拣机

7.4.1 自动分拣机的概念

自动分拣机是按照预先设定的计算机指令对物品进行分拣，并将分检出的物品送达指定位置的机械。这一过程都是按照人们的指令靠自动分拣装置来完成的。自动分拣机是自动分拣系统的一个主要设备。它本身需要建设短则 40~50m，长则 150~200m 的机械传输线，还有配套的机电一体化控制系统、计算机网络及通信系统等。这一系统不仅占地面积大（动辄 20000m^2 以上），而且还要建 3~4 层楼高的立体仓库和各种自动化的搬运设施（如叉车）与之相匹配，这项巨额的先期投入通常需要花 10～20 年才能收回。

其分拣过程为：被检货物经由各种方式，如人工搬运、机械搬运、自动化搬运等送入分拣系统，经合流后汇集到一条输送机上。物品接受激光扫描器对其条码的扫描，或通过其他自动识别的方式，如光学文字读取装置、声音识别输入装置等方式，将分拣信息输入计算机中央处理器中。计算机通过将所获得的物品信息与预先设定的信息进行比较，将物品送到特定的分拣道口位置上，完成物品的分拣工作。分拣道口可暂时存放未被取走的物品。当分拣道口满载时，由光电控制，阻止物品进入分拣道口。

7.4.2 自动分拣机的类型

（1）推块式分拣机。推块式分拣机由链板式输送机和具有独特形状的滑块，以及在链板间左右滑动进行商品分拣的推块等组成。推块式分拣系统由推块式分拣机、供件机、分流机、信息采集系统、控制系统、网络系统等组成。

其特点包括：

① 可适应不同大小、重量、形状的各种不同商品。

② 分拣时轻柔、准确。

③ 可向左、右两侧分拣，占地空间小。

④ 分拣时所需商品间隙小，分拣能力高达 18000 个/h。

⑤ 机身长，最长达 110m，出口多。

（2）交叉带式分拣机。交叉带式分拣机由主驱动带式输送机和载有小型带式输送机的台车（简称"小车"）连接在一起，当"小车"移动到所规定的分拣位置时，转动皮带，完成把商品分拣送出的任务。因为主驱动带式输送机与"小车"上的带式输送机呈交叉状，故称交叉带式分拣机。

其主要特点有：

① 适宜于分拣各类小件商品，如食品、化妆品、衣物等。

② 分拣出口多，可左右两侧分拣。

③ 分拣能力，一般达 6000～7700 个/h。大型交叉带式分拣系统一般应用于机场行李分拣和安检系统。

（3）斜导轮式分拣机。这种分拣机中，当转动着的斜导轮，在平行排列的主窄幅皮带间隙中浮上、下降时，达到商品的分拣目的。

其主要特点有：

① 对商品的冲击力小，分拣轻柔。

② 分拣快速准确。

③ 适应各类商品，只要是硬纸箱、塑料箱等平底面商品均可以。

④ 分拣出口数量多。

（4）轨道台车式分拣机。被分拣的物品放置在沿轨道运行的小车托盘上，当到达分拣口时，台车托盘倾斜 30 度，物品被分拣到指定的目的地。

其特点有：

① 可三维立体布局，适应作业工程需要。
② 可靠耐用，易维修保养。
③ 适用于大批量产品的分拣，如报纸捆、米袋等。

（5）摇臂式分拣机。被分拣的物品放置在钢带式或链板式输送机上，当到达分拣口时，摇臂转动，物品沿摇臂杆斜面滑到指定的目的地。

7.4.3 分拣机械系统的构成

（1）设定装置：在货物的外包装打印或贴上表明货物品种、数量、规格、货主、货位等标签。

（2）识别装置：对标签上的代码进行识别，把识别的信息与计算机下达的命令进行对照，并向自动分拣机发出执行命令。

（3）自动分拣装置：根据识别装置传达的指令，对货物进行分拣。

自动分拣机一般分为托盘式、带式、悬挂式、翻版式、滚柱式等多种类型。为取得最为有效的应用，选择分拣机时一般考虑的因素有：商品的重量、商品的包装大小、包装的形式、分拣的能力、操作环境、商品的易碎性、商品在输送机上的方位等。

7.4.4 自动分拣机的特点

1. 能连续、大批量地分拣货物

由于采用大规模生产中使用的流水线自动作业方式，自动分拣系统不受气候、时间、人的体力等的限制，可以连续运行，同时由于自动分拣系统单位时间分拣件数多，因此自动分拣系统的分拣能力是人工分拣系统不可比拟的。它可以连续运行 100h 以上，每小时可分拣 7000 件包装商品，如用人工则每小时只能分拣 150 件左右，而且分拣人员也不能在这种劳动强度下连续工作太长时间。

2. 分拣误差率极低

自动分拣系统的分拣误差率主要取决于所输入分拣信息的准确性，这又取决于分拣信息的输入机制。如果采用人工键盘或语音识别方式输入，误差率在 3% 以上；如采用条码扫描输入，除非条码的印刷本身有差错，否则不会出错。因此，目前自动分拣系统主要采用条码技术来识别货物。

3. 分拣作业基本实现无人化

国外建立自动分拣系统的目的之一就是为了减少人员的使用，减轻员工的劳动强度，提高人员的使用效率，因此自动分拣系统能最大限度地减少人员的使用，基本做到无人化。分拣作业本身并不需要使用人员，人员的使用仅局限于以下工作：

① 送货车辆抵达自动分拣线的进货端时，由人工接货。
② 由人工控制分拣系统的运行。
③ 分拣线末端由人工将分拣出来的货物进行集载、装车。
④ 自动分拣系统的经营、管理与维护。如一个先进的配送中心面积为 10 万 m^2 左右，每天可分拣近 40 万件商品，仅使用 400 名左右员工，这其中大部分人员都在从事上述①、③、④项工作，自动分拣线做到了无人化作业。

7.5 柔性配送中心

柔性化是通过系统组成结构、人员组织、运作方式和装备组成等方面的动态变化，对需求变化做出快速反应，满足不同种类的物流作业要求，同时消除冗余的损耗，力求获得最大效益的新型模式。柔性配送中心是一个复杂的物流节点，柔性特征体现在配送中心的战略以及操作等多个层次。从客户视角来看，需求的产品种类、数量和响应时间等都有典型的不确定性。

从经营角度讲，配送中心的运作资源应实现合理配置，包括财务资源、设施设备资源、人力资源、技术资源、信息资源和外部环境资源等，都需要能够动态地调整自身作业属性以实现与外界需求的匹配。从作业层次上考虑，作业使用的具体设备、流程的安排以及落实执行等都需要根据不同的作业要求在微观层次上进行，由此可见，实现柔性配送中心并非是单纯的具备某种可变的作业功能，或是引入某一设备，而是配送中心从运行战略、运行流程、运行设备设施以及人员等各个角度着手，搭建起一个包含多个层次、面向运作全过程的运作系统。

1. 装备柔性

装备是实现物流作业的基础。柔性配送中心是以信息流为核心，以物流设备、设施为重要基础的运作系统，物流设备的柔性是配送中心柔性特征的重要维度。装备的柔性可以体现为装备自身功能的多样化，如带有转向和缓冲功能的自动传输设备，可以实现多种物流作业，设备本身功能的多样性是物流系统柔性的一个重要基础条件；同时装备柔性还可以体现为与外界具有良好的外部接口，实现多个装备的多重动态组合，形成高一级的作业单元，实现多样化的物流作业功能。图 7-8 为柔性货架。

图 7-8　柔性货架

2. 作业对象柔性

终端用户的需求柔性很大程度上体现为作业对象的多样性。作业对象的物理特征和化学特征各不相同，在不同时间内，不同操作区域内作业对象的作业形式和作业要求也不相同，作业对象的柔性是配送中心柔性的驱动力，要求配送中心能够对自身资源进行动态调整，经济而迅速地适应外界变化，对作业对象有很强的兼容能力。

3. 作业能力柔性

终端客户的要求受到时间、地域等多种因素的影响，具有很强的波动性，而配送中心对于客户需求基本上处于被动接受的地位，因此配送中心不能完全通过自身的调节功能将客户需求的波动均衡化。当终端客户的物流需求改变时，柔性系统应能经济地改变作业能力，并不是以固定的模式、较高的损耗按照最高设计能力运行的方式完成较小的作业量，而是柔性地对物流设备、设施进行协调，根据要求对生产能力以较小的损耗进行作业能力的动态调整。图 7-9 所示为多功能的装卸装备。

图 7-9　多功能的装卸装备

4. 系统扩展柔性

系统扩展不单纯是指作业量的简单提升。客户需求的多样化也会对配送中心提出更多的功能要求，要求系统具有更强的适应能力，即在有限的空间内，利用有限的资源提供差异化、多样化的服务，当物流作业要求变化时，可对资源进行优化配置，增加功能模块，扩展系统功能结构，构成一个功能更加全面的大作业系统。特别是对作业时间、仓储条件具有特殊要求的作业任务，系统的扩展柔性将会为配送中心扩展服务领域。如图 7-10 所示，机器人已经开始替代人工完成大量的复杂拣选工作，形成下一代的柔性拣选系统。

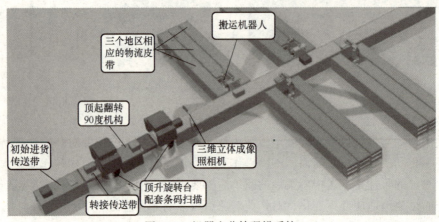

图 7-10　机器人分拣码垛系统

第7章 配送技术与装备

5. 运行模式柔性

系统运行模式柔性是指配送中心在实现资源动态配置的基础上对作业方式、作业工具以及作业人员等进行调整，使作业模式适应终端客户的差异化需求；作业模式的柔性化与操作的规范化和标准化并不矛盾，而是建立在规范化和标准化基础之上的，强调资源的动态优化配置所产生的作业模式转变，充分共享现有资源，实现资源的全程动态配置。

柔性配送中心是以可实现资源优化动态配置的系统管理平台为核心，以具有可实现动态组合、完成不同物流作业功能的物流系统及以设备为基础的物流节点。柔性化配送中心系统的硬件包括若干台可以动态调整组合的物流装备、控制监测装备、信息管理设备以及相应的辅助设施。系统的软件包含作业优化调度系统、信息管理系统以及与之相对应的现代柔性管理模式和组织机构。在此基础上合理地配置管理和操作人员，实现系统资源的优化整合，满足新经济条件下市场细分、个性化需求增多的变化趋势。

拓展阅读

沃尔玛公司共有六种形式的配送中心：一种是"干货"配送中心，主要负责生鲜食品以外的日用商品的进货、分装、储存和配送，该公司目前这种形式的配送中心数量最多。第二种是食品配送中心，处理包括不易变质和易变质的生鲜食品等，需要有专门的冷藏仓储和运输设施，直接送货到店。第三种是山姆会员店配送中心，这种业态批零结合，有三分之一的会员是小零售商，配送商品的内容和方式同其他业态不同，使用独立的配送中心。由于这种商店一开始数量不多，有些商店使用第三方配送中心的服务。考虑到第三方配送中心的服务费用较高，沃尔玛公司已用自行建立的山姆会员店配送中心取代之。第四种是服装配送中心，不直接送货到店，而是分送到其他配送中心。第五种是进口商品配送中心，为整个公司服务，主要作用是大量进口以降低进价，再根据要货情况送往其他配送中心。第六种是退货配送中心，接收因各种原因退回的商品，其中一部分退给供应商，一部分送往折扣商店，一部分就地处理，其收益主要来自出售包装箱的收入和供应商支付的手续费。

从中我们可以看出，沃尔玛的每种配送中心都是为适应它不同的商品或连锁店的需要而成立。对于不同商品和连锁店严格区分配送方式，实行标准化管理，不仅大大提高了配送效率，还节约了采购成本，降低了管理和物流成本。

本章小结

本部分详细介绍了配送中心的概念，通过介绍配送中心功能、作业流程，以及系统构成分析，让读者对配送中心有一个整体的了解，并随后介绍了主要的配送中心装备。由于分拣工作在配送中心中的重要地位，并且"柔性"已经成为现代生产及物流的普遍要求，因此本章特别介绍了自动分拣机与柔性配送。

小资料

美国配送中心的发展模式及其启示

美国的配送中心是在改造老式仓库的基础上，于20世纪60~70年代逐步形成和发展起来的。

配送（或配送方式）是伴随着生产的不断发展而发展起来的。自从第二次世界大战后，为了满足日益增长的物质需求，西方工业国家逐步发展配送中心，加速了库存物资的周转，打破了仓库的传统观念。

美国配送中心发展的外部条件主要是：

(1) 美国经济高度发展，市场消费相当可观，使物流需求急剧上升。

(2) 美国自20世纪50年代开始，大力兴建州际高速公路，拥有数十万公里的高速公路，把全美各地连接起来，与铁路、港口、空运一起，形成四通八达的交通网络。

(3) 超市、平价俱乐部等连锁经营的出现，带动了物流的变革。

(4) 经济的发展带来社会专业分工的细化、思想观念的转变，使制造商要求摆脱物流、销售等业务，集中精力开发研制新产品。

美国的配送中心大致分为三类：

(1) 特大型生产企业独资建立的配送中心，主要为生产企业自身服务。

(2) 大型零售企业或是连锁企业自有的配送中心。

(3) 为扩大生产企业和商业企业的服务范围而建立的社会化配送中心。

社会化配送中心又可分为两种：一种是本身没有商品所有权的纯物流性质的配送组织，主要依托众多的生产企业、依据生产企业的指令（或者说是受生产企业委托）向零售企业或其他客户配送产品。另一种是兼营商品分销（代理）活动的配送组织，主要依托零售商、超市等用户从事经营活动。

美国的配送中心主要有以下三个途径：

(1) 管理的计算机化、条码技术在配送中心的广泛应用。美国的配送中心广泛使用了计算机、条码和激光扫描技术。一些大型的配送中心甚至使用卫星通信、识别装置来指挥在公路上运行的车辆。由于使用完善的计算机管理系统，企业降低了费用，提高了经济效益。

(2) 合理选择和使用机械设备。美国配送中心的管理十分讲究实效，不是一味地追求机械化、自动化。如在Giant配送中心，一条20世纪70年代安装的自动化分拣系统被拆除，而替代的是人工分拣，原因是这些设备比较陈旧，目前尚未有更先进的设备替代，维修它需要一批工程师，与人工分拣相比成本更高，所以采用后者。

(3) 选择合理的配送线路。在美国的一个较大的配送中心往往在国内外拥有几十个分公司，分布在全美及周边国家的交通枢纽、经济中心城市的周转，这样就可以利用这些分散的配送中心来确定合理的输送线路。

美国配送中心产生与发展对我国的启示有：

1. 提高我国物流专业化程度，提供更好的服务

我国物流业的发展水平低表现在物流企业的小和散，专业化、组织化程度低，在物流配送各环节上衔接配套差，服务功能不完善，能做到"一站式"服务的企业少。生产企业、流通企业和物流储运企业中的"大而全"、"小而全"现象和思想仍然存在。应当借鉴美国的做法，注意提高物流配送的专业化程度，在观念上把供货方和购货方看作经营伙伴，提高服务意识和配送的及时、准确程度，建立更多的专业物流配送企业，并且大力发展社会化物流服务体系，支持社会化物流企业的发展，提高物流配送的规模化效益，充分利用全社会物流配送设施资源，鼓励兼并、重组、联合，优先进行技术改造。

2. 提高物流产业的信息化水平，降低物流成本

过去我国对物流发展重视不够，导致物流科技和装备方面的研究开发薄弱，物流设施陈旧，信息化水平低，这是物流业成本居高不下的原因所在。另外还应高度重视物流信息化水平的提高。信息化是现代化物流的灵魂，没有信息化，再先进的物流设施也无法实现物流的迅速性和准确性。物流企业必须努力把握新的机遇，用新思想和新技术武装自己，以便在互联网时代的变革过程中求得发展。

3. 整合传统物流企业，提高物流资源的使用效率

美国大型物流企业往往在全美及周边国家的交通枢纽、经济中心城市都拥有自己分散的物流基地，这样就可以利用这些的配送中心来确定合理的输送线路，同时提高资源的使用效率。我国物流产业的发展，应逐步推进现有物流服务资源整合。比如在"物流基地"或"物流中心"的建设方面，应当在开始时就竖立整合的原则，充分运用网络技术，在社会范围内优化资源配置。

4. 加速物流人才的培养

先进的技术和管理与物流人才是分不开的。我国也应当高度重视物流专业人才的培养和培训，建立物流经营管理人员和从业人员的培训机制，使人才成为促进物流业发展的重要推动力量。事实上，现代物流是资金流、信息流、技术流的综合体，比传统的仓储、运输复杂得多，它的良好运作需要大批复合型人才。一方面，要优化高校物流专业建设，为企业培养理论扎实的专业人才；另一方面，企业可以与大专院校结对，对企业从事物流的人员进行定期培训，使员工可以获得上岗证书。对企业来说，只有提高物流人员的素质，才可能不断增强企业竞争力。我们要尽可能多地培训出适合我国特点的物流人才，并用不断创新的体制留住人才。

实训练习

1. 解释下列术语

配送中心　自动分拣机

2. 简答题

（1）配送中心主要有哪些基本作业流程？

（2）配送中心主要有哪些功能？

（3）自动分拣机主要有哪些特点？

3. 拓展思考

通过本章的学习，你认为在从事物流管理过程中需要了解和掌握哪些有关配送中心机械设备的知识？

第8章 物流信息技术与电子设备

 问题的提出

1. 什么是自动识别技术？
2. 物流信息装备的特点有哪些？
3. POS 机的基本组成有哪些？
4. GPS 系统在物流领域的应用有哪些？

 本章导入

　　近日，根据一项由麻省理工学院（MIT）和 IBM 针对自动化识别系统（Auto – ID）与新型无线射频识别技术目前企业使用现状的调查报告显示，"自动化识别系统"将成为供应链管理的有力工具。

　　此项调查针对 200 位参加麻省理工学院自动化识别系统中心所举行的论坛的参与者，这 200 位参与调查的人员，来自 60 家欧洲、美国及南美的零售及制造业。

　　调查指出，率先采用"自动化识别系统"以及新型无线射频识别技术的企业，将极大地提高供应链的效率，使这些企业能够超越竞争对手。在包括中国在内的整个亚太地区在此项技术上起步较晚，因此，在越来越激烈的国际市场竞争中，尽早引进新技术，从而具备竞争优势，就成为众多企业的当务之急。据悉，IBM 业务咨询及系统整合服务部（BCS）已经开始帮助亚太地区一些领先的零售商和制造商实施相关项目。

　　IBM 业务咨询服务事业部中国区总经理袁超明指出，"自动化识别系统"是供应链管理中重要的一环，尤其是中国的制造业，将会大幅减少作业的时间、人工，并增加准确性，进而降低运输以及库存成本，并提高出货的准确性和速度，削减成本，提高利润。根据 IBM 业务咨询服务事业部过去为多家企业导入 ERP 的经验，他们发现对于物流以及零售行业而言，"自动化识别系统"除了能应用于货品进出的管理外，更能有效降低库存因为遗失、失窃所带来的损失以及缩短收款流程，从而带来利润的增加。

　　同时，依据 IBM 与国外客户合作结果显示，若采用先进的无线射频识别系统，则可减少 10% 至 30% 安全库存量，以降低仓储成本。IBM 已与沃尔玛、宝洁公司、吉列公司、百事可乐等公司进行此项技术的导入。

　　此外，这份调查还指出，"自动化识别系统"将是供应链管理中成长最快一环。

　　此项调查还有以下发现：

　　① 参与调查的企业表示，考虑导入自动化识别系统的主要目的在于追踪库存及缺货管理。

　　② 采用自动化识别系统的挑战来自规格标准化问题、标签成本、读取机的基础建设成本，以及整体导入成本。

　　③ 除了自动化识别系统外，其后的应用将包含自动化结账系统、退换货物管理等。

8.1 物流信息与电子设备的概念、分类、特点

8.1.1 物流信息与物流信息技术

物流信息是反映物流各种活动内容的知识、资料、图像、数据和文件的总称。物流信息是物流活动中各个环节生成的信息,一般是随着从生产到消费的物流活动的产生而产生的信息流,与物流过程中的运输、仓储、装卸、包装等各种功能有机结合在一起,是整个物流活动顺利进行所不可缺少的资源。

目前,一些先进的物流信息技术有条码系统、电子数据交换系统(EDI)、电子自动订货系统(EOS)、销售时点信息系统(POS)、地理信息系统(GIS)、全球定位系统(GPS)等。

8.1.2 物流信息设备的概念、分类和特点

1. 物流信息设备的概念

物流信息设备是实现物流信息采集、储存、管理和使用的设备,是实现物流信息化的硬件基础,是信息技术在物流领域中应用的重要保障。物流信息设备被广泛应用于仓库管理、运输管理、产品目录管理等领域。

2. 物流信息设备的分类

物流信息设备可按功能做如下分类:

(1)信息采集设备。信息采集设备是物流系统工作的基础,目前广泛采用的是自动识别设备来完成信息的采集工作,如条形码识别设备可以确定商品的种类、价格等基本信息,提高工作效率和准确性。

(2)信息处理设备。信息处理设备负责完成信息的整理、转化、存储和传递等功能,是物流信息系统的核心设备。超市使用的POS机在进行信息采集后可以对信息进行处理,完成必要的统计功能,将其存储并传输到信息系统进行使用。

(3)信息查询设备。通过信息查询设备可以对物流系统的移动对象进行空间位置的确定,实现对运输车辆进行跟踪,实现运输的全过程控制。

3. 物流信息设备的特点

(1)种类多样。物流信息设备的种类非常广泛,可以涉及交通运输管理、销售数据处理等多个方面,这是由物流作业的广度决定的。

(2)自动化程度高。由于物流大批量作业的特点,信息设备的自动化程度要求比较高,如利用自动识别设备实现信息的采集。

(3)标准化程度高。信息的标准化是信息实现采集、整理、存储的基础条件。如果不能标准化,就无法实现信息的共享。

8.1.3 物流信息的分类

物流的分类有很多种,信息的分类更是有很多种,因此物流信息的分类方法也就

很多。

（1）按不同物流功能分类。按信息产生和作用所涉及的不同功能领域分类，物流信息包括仓储信息、运输信息、加工信息、包装信息、装卸信息等。对于某个功能领域还可以进行进一步细化，例如，仓储信息分成入库信息、出库信息、库存信息、搬运信息等。

（2）按信息环节分类。根据信息产生和作用的环节，物流信息可分为输入物流活动的信息和物流活动产生的信息。

（3）按信息的作用层次分类。根据信息作用的层次，物流信息可分为基础信息、作业信息、协调控制信息和决策支持信息。基础信息是物流活动的基础，是最初的信息源，如物品基本信息、货位基本信息等。作业信息是物流作业过程中发生的信息，其波动性大，具有动态性，如库存信息、到货信息等。协调控制信息主要是指物流活动的调度信息和计划信息。决策支持信息是指能对物流计划、决策、战略具有影响或有关的统计信息或有关的宏观信息，如科技、产品、法律等方面的信息。

（4）按信息加工程度的不同分类。按加工程度的不同，物流信息可以分为原始信息和加工信息。原始信息是指未加工的信息，是信息工作的基础，也是最有权威性的凭证性信息。加工信息是对原始信息进行多种方式和多个层次的处理后产生的信息，这种信息是原始信息的提炼、简化和综合，利用各种分析工作在海量数据中发现潜在的、有用的信息和知识。

8.2 自动识别设备的运用

8.2.1 自动识别技术的概念

在信息系统早期，相当多数据的处理都是通过人工手工录入，不仅数据量十分庞大，劳动强度大，而且数据误码率较高，也失去了实时的意义。为了解决这些问题，人们研究和发展了各种各样的自动识别技术，提高了系统信息的实时性和准确性，从而为生产的实时调整、财务的及时总结以及决策的正确制定提供正确的参考依据。

自动识别技术就是应用一定的识别装置，通过被识别物品和识别装置之间的接近活动，自动地获取被识别物品的相关信息，并提供给后台的计算机处理系统来完成相关后续处理的一种技术。例如商场的条码扫描系统就是一种典型的自动识别技术：售货员通过扫描仪扫描商品的条码，获取商品的名称、价格，输入数量，后台POS系统即可计算出该批商品的价格，从而完成顾客的结算。当然，顾客也可以采用银行卡支付的形式进行支付，银行卡支付过程本身也是自动识别技术的一种应用形式。

自动识别技术的重要组成部分包括条码识别技术、射频识别技术、生物特征识别技术。目前，自动识别技术已广泛地应用于商业、工业、交通运输业、邮电通信业、金融业、物流管理等国民经济各行各业和人民日常生活中。

8.2.2 条码设备

在流通和物流活动中，为了能迅速、准确地识别商品、自动读取有关商品信息，条码技术被广泛应用。条码是用一组数字来表示商品的信息,是有关生产厂家、批发商、零售商、运输业者等经济主体进行订货和接受订货、销售、运输、保管、出入库检验等活动的信息源。

1. 条码的概念

条码(Bar Code)是由一组规则排列的条、空及其对应字符组成的标记,用以表示一定的信息(GB/T12905—2000《条码术语》)。条码由若干个黑色的"条"和白色的"空"所组成,其中,黑色条对光的反射率低而白色的空对光的反射率高,再加上条与空的宽度不同,就能使扫描光线产生不同的反射接收效果,在光电转换设备上转换成不同的电脉冲,形成了可以传输的电子信息。由于光的运动速度极快,所以能准确无误地对运动中的条码予以识别。一维条码样例如图8-1所示。

图8-1　一维条码样例

2. 条码在物流中的应用

条码和相应的扫描技术在物流方面主要有两大应用。第一种应用于零售商店的销售点。除了在现金收银机上给顾客打印收据外,在零售销售点应用是在商店层次提供精确的存货控制。销售点可以精确地跟踪每一个库存单位出售数,有助于补充订货,因为实际的单位销售数能够迅速地传输到供应商处。

跟踪实际销售可以减少不确定性,并可去除缓冲存货。除了提供精确的再供给和营销调查数据外,销售点还能向所有的渠道内成员提供更及时的具有战略意义的数据。

第二种应用是针对物料搬运和跟踪,通过扫描枪的使用,物料搬运人员能够跟踪产品的搬运、储存、装船和入库。

3. 条码设备

条码设备有条码打印设备和条码扫描仪,如图8-2、图8-3所示。

a) 工业型条码打印机　　b) 桌面型条码打印机　　c) 移动式条码打印机

图8-2　条码打印机

手持式条码扫描器

工业用固定式条码扫描器

图 8-3　条码扫描仪

4. 条码系统的应用前景

计算机技术的发展促进了计算机输入技术的迅速发展，到目前为止，计算机输入方法大约有十几种之多，如键盘输入、卡片输入、磁带输入、磁盘输入、光符识别、射频输入、磁字符识别、磁性条识别、语音识别等。在这些信息输入方式中，条形码系统具有如下特点：

高速：条码是一种条形符号，容易识别，一般输入速度高达每分钟字符，比一个熟练的键盘输入操作员快许多。

准确：如果条码符号印刷清晰，扫描系统的出错率可望小于百万分之一，而键盘输入的出错率高达千分之一以上。

可靠：由于大多数条码都带有校验位，可以防止不正确的读取。可以预言，随着人们对条码系统上述特点的逐步认识，条码系统的开发应用前景将比以往任何一种输入方式都要广阔。

5. 条码系统的有关标准

要想使条码系统有广泛的应用，必须增强它的相容性，故对它各部分制定统一的标准已刻不容缓。美国国家标准协会、美国国防部、美国纸张协会、国际物品编码协会等有关机构就某一类条码的码制发布了一些标准。但用系统的观点来看这是不够的。

根据条码系统的系统特征，条码系统的标准大致可分为三种：条码符号标准、条码印刷标准、条码使用标准。

（1）条形码符号标准。这是为研究编码规则和码制结构应制定的标准。它主要描述条码及构成条码的条、间隔、两侧空白、起始符、终止符、中间分隔符、字符符号等的长度、宽度、比例、数量、光学特性等。

（2）条码印刷标准。条码印刷标准主要是对印刷装置印出的条码质量进行检测的尺度。编码规则和条形符号确定之后，印刷质量对系统性能起着决定性的作用，因此，印刷标准也是研究、设置和改进条码印刷装置必须达到的技术指标。这项标准主要应包括印刷公差、污点、疵点、边缘粗糙度、反射率、对比度等。

（3）条码使用标准。条码使用标准为条形码在各个领域的应用提供了信息。它参考符号标准描述了哪些产品被编码，哪种信息被做成标签，何种物品可直接印刷条码，哪个应用领域用哪种标签既合适又经济等。除此之外，使用的标准还应规定符号排列方向、标签格式、光束波长等，对人的操作也应作出规定，对扫描器和译码器来说，它又是技术指标。

8.2.3 条码数据采集器

条码数据采集器是离线采集条码信息的设备。数据采集器采集好条码信息后，把条码信息用文件的方式传输到计算机中。在产品出入库、物流快件管理、固定资产管理、抄表系统、图书管理系统上，数据采集器用得非常广泛。它是一种具有现场实时数据采集、处理功能的自动化设备，具备实时采集、自动存储、即时显示、即时反馈、自动处理、自动传输功能，为现场数据的真实性、有效性、实时性、可用性提供了保证。条码数据采集器如图8-4所示。

图 8-4 条码数据采集器

8.2.4 无线射频设备

1. 无线射频识别技术的概念

无线射频识别（Radio Frequency Identification，RFID）技术是一种非接触式的自动识别技术，它通过射频信号自动识别目标对象并获取相关数据，识别工作无须人工干预，可工作于各种恶劣环境。RFID技术可识别高速运动物体并可同时识别多个标签，操作快捷方便。

2. RFID 的基本工作原理和流程

RFID 系统主要由以下元件组成：

电子标签：由耦合元件及芯片组成，每个标签具有唯一的电子编码，附着在标识目标对象物体上。

读写器：读取标签信息的设备，可设计为手持式或固定式。

天线：在标签和读取器间传递射频信号。

其工作流程为：

读写器通过发射天线发送一定频率的射频信号，当射频卡进入发射天线工作区域时产生感应电流，射频卡获得能量被启动。

射频卡将自身编码等信息通过卡内天线发送出去。

读写器接收天线接收到从射频卡发送来的载波信号，经天线调节器传送到读写器，读写器对接收的信号进行解调和译码然后送到后台软件系统处理。

后台软件系统根据逻辑运算判断该卡的合法性，针对不同的设定做出相应的处理和控制，发出指令信号控制执行相应的动作。

其工作原理如图 8-5 所示。

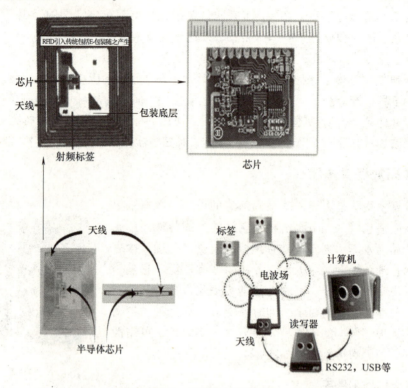

图 8-5　无线射频设备

8.3　POS 机的运用

8.3.1　POS 机的概念、特点和功能

1. POS 机的概念

POS 是英文 point of sale 的缩写，是指销售点终端，配有条码终端阅读器。POS 机也称为收银机、收款机、电子收款机。

2. POS 机的特点和功能

POS 机是由电子收款机和计算机联机构成的网络系统，通过该系统对商业零售的所有交易信息进行采集、加工、整理、分析、传递和反馈，使商店的营销现代化。

具体地说，带有自动读取商品条码功能的收银机，在销售的同时，将每种商品的销售信息，以及商品在进货、配送等阶段所发生的各种信息传送到系统的后台计算机，通过计算机的处理及加工，再将结果传送到各部门，使有不同需求的部门能迅速获得有用信息，并以此作为商店进、销、存、退及进行其他各项管理的依据。

8.3.2 POS 机的基本组成

POS 机的基本结构包括主机与外部设备，其中主机的结构和普通电子计算机类似，POS 机的主要外部设备包括条码识别设备、票据打印机、顾客显示器、显示器、专用机箱、编程键盘、磁卡阅读器以及收银钱箱，如图 8-6 所示。

图 8-6　POS 机外部设备

8.3.3 POS 系统

前台 POS 系统通过自动读取设备（如收银机），在销售商品时直接读取商品销售信息（如商品名、单价、销售数量、销售时间、销售店铺、购买顾客等），实现前台销售业务的自动化，对商品交易进行实时服务管理，并通过通信网络和计算机系统传送至后台，通过后台计算机系统的计算、分析与汇总来掌握商品销售的各项信息，为企业管理者分析经营成果、制定经营方针提供依据，以提高经营效率。

后台 MIS（Management Information System）又称管理信息系统。它负责整个商场进、销、调、存系统的管理以及财务管理、库存管理、考勤管理等。它可根据商品进货信息对厂商进行管理，又可根据前台 POS 提供的销售数据，控制进货数量，合理周转资金，还可以分析统计各种销售报表，快速、准确地计算成本与毛利，也可对售货员、收款员业绩进行考核，是分配职工工资、奖金的客观依据。因此，商场现代化管理系统中前台 POS 与后台 MIS 是密切相关的，两者缺一不可。

 案例

百业通超市 POS 收银系统

百业通超市 POS 收银系统支持商品条码扫描、超市小票据打印、顾客显示屏、自动控制钱箱，使用该系统可以方便地进行进、销、存及收银的管理。本系统功能实用、操作简单，适合在商场、超市、专卖店、便利店、电器、图书、化妆品、五金、通信器材、眼镜、供销部门等销售领域的进销存收银使用。其系统如图 8-7 所示。

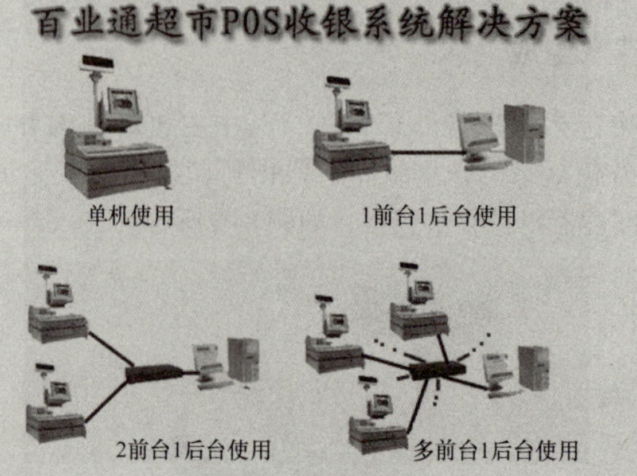

图 8-7 百业通超市 POS 收银系统

该系统既可以单机使用，也可以联网使用，特别适合在中小超市或门店使用，在满足日常使用需求的前提下，突出了操作简单的特点，无需专业的计算机知识，只要会打字的人就可以胜任操作。该软件可以用在专业 POS 收款机上，也可以用在普通家庭计算机上。

另外，普通 PC 还可以连接小票打印机、钱箱、顾客屏等 POS 外部设备。

经济实用型收银配置方案推荐：

　　百业通超市 POS 收银系统（单机版）＋ 红外线扫描器 ＋ POS58 热敏小票打印机

客户只需要自己买一台家庭普通计算机，把软件安装在该计算机中，接上扫描器和打印机就立即可以用来收银了，不需要安装驱动程序，不需要配置，接上后软件自动识别。以上方案已经得到了用户长期使用的验证。

8.4　GPS 系统的运用

8.4.1　GPS 的概念、特点和功能

1. GPS 的概念

GPS 即全球定位系统（Global Positioning System），它是一个由覆盖全球的 24 颗卫星组成的卫星系统。这个系统可以保证在任何时候，地球上任意一点都可以观测到 4 颗卫星，以保证卫星可以采集到该观测点的经纬度和高度，实现在海、陆、空进行全方位、实时三维导航与定位。

2. GPS 的特点

GPS 的基本定位原理是卫星不间断地发送自身的星历参数和时间信息，用户接收到这些信息后经过计算求出接收机的三维位置以及运动速度和时间信息。

GPS 系统具有以下主要特点：高精度、全天候、高效率、多功能、操作简便、应用广泛等。

3. GPS 的功能

（1）陆地应用，主要包括车辆导航、应急反应、大气物理观测、地球物理资源勘探、

工程测量、变形监测、地壳运动监测、市政规划控制等。

（2）海洋应用，包括远洋船最佳航程航线测定、船只实时调度与导航、海洋救援、海洋探宝、水文地质测量，以及海洋平台定位、海平面升降监测等。

（3）航空航天应用，包括飞机导航、航空遥感姿态控制、低轨卫星定轨、导弹制导、航空救援和载人航天器防护探测等。

8.4.2　GPS设备

1. 空间部分

GPS的空间部分由24颗工作卫星组成，它位于距地表20～200km的上空，均匀分布在6个轨道面上。卫星的分布使得在全球任何地方、任何时间都可观测到4颗以上的卫星，并能在卫星中获得导航信息。

2. 地面控制系统

地面控制系统由监测站、主控制站、地面天线所组成。地面控制站负责收集由卫星传回的信息，并计算卫星星历、相对距离，大气校正等数据。

3. 用户设备部分

用户设备部分即GPS信号接收机，其主要功能是能够捕获到按一定卫星截止角所选择的待测卫星，并跟踪这些卫星的运行。当接收机捕获到跟踪的卫星信号后，接收机中的微处理计算机就可按定位解算方法进行定位计算，计算出用户所在地理位置的经纬度、高度、速度、时间等信息。

8.4.3　GPS在物流领域的应用

1. 用于汽车自定位、跟踪调度

日本车载导航系统的市场早在1995—2000年间就平均每年增长35%以上，全世界在车辆导航上的投资平均每年增长60.8%。车辆导航是全球卫星定位系统应用的主要领域之一。在物流领域，使用GPS可准确定位汽车位置，从而为运输管理提供数据。我国已有数十家公司在开发和销售车载导航系统。

2. 用于铁路运输管理

我国铁路开发的基于GPS的计算机管理信息系统，可以通过GPS和计算机网络实时收集全路列车、机车、车辆、集装箱及所运货物的动态信息，可实现列车、货物追踪管理。只要知道货车的车种、车型、车号，就可以立即从近10万km的铁路网上流动着的几十万辆货车中找到该货车，还能得知这辆货车现在在何处运行或停在何处，以及所有的车载货物发货信息。铁路部门运用GPS技术可大大提高其路网及其运营的透明度，为货主提供更高质量的服务。

3. 用于军事物流

全球卫星定位系统最初是因为军事目的而建立的，在军事物流中，如后勤装备的保障等方面，应用相当普遍。在海湾战争中，全球卫星定位系统发挥了较大的作用。在我国的军事和国防建设中，已经开始重视和应用全球卫星定位系统，随着全球卫星定位系统在军事物流方面的全面应用，国防后勤装备的保障将更加可靠。

案例

GPS 线路导引模式的变迁

基于 GPS 的线路引导，经历了从二维平面服务→三维卫星服务→四维实景服务→实时路况服务→实时路况预测这样的模式变迁，如图 8-8～图 8-12 所示。从中可以感受到技术的发展与服务的创新。

图 8-8　线路导引——二维平面服务模式

图 8-9　线路导引——三维卫星服务模式

图 8-10　线路导引——四维实景服务模式

图 8-11　线路导引——实时路况服务模式

图 8-12　线路导引——实时路况预测服务模式

8.5　未来信息技术及应用

1. 穿戴式信息技术

穿戴式智能终端（如图 8-13 所示），让用户可以通过语音指令、拍摄条码、读取数据、发送信息；可以通过眼镜上方的屏幕上显示作业图标，使用地图信息或打电话，以及利用其他功能；可以通过蓝牙或 WiFi 与系统内的其他便携式设备联网，实现信息共享。未来的物流作业环境将更加人性、智能。

图 8-13　穿戴式智能终端

如图 8-14 所示为能够识别心跳的智能腕带，靠近汽车即可开门。

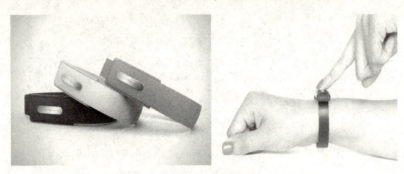

图 8-14　智能腕带

2. 可擦写全息技术

可擦写三维全息显示技术，能在几分钟内清除和更新全息图像。这种全息显示具有可更新、三维记忆功能。物流领域的自动识别技术可以利用可擦写三维全息技术进行成像。

3. 遥感技术

遥感技术是根据电磁波的理论，应用各种传感仪器对远距离目标所辐射和反射的电磁波信息，进行收集、处理，并最后成像，从而对地面各种景物进行探测和识别的一种综合技术。利用遥感技术，可以高速度、高质量地测绘地图。遥感技术应用于物流领域可以进行物流资源勘察和调度。

4. 3G 融合技术

3G 融合技术支持高速数据传输的蜂窝移动通信技术。3G 服务能够同时传送声音及数据信息，将无线通信与国际互联网等多媒体通信结合的新一代移动通信系统。基于 3G 融合技术提供供应链可视化的监控，提高物流系统的服务能力，扩展服务渠道。

例如顺丰速运联手微信推出的"顺丰微信"服务使用方式，手机微信搜索"顺丰速运自助服务"，或扫描顺丰微信二维码，即可添加顺丰速运官方微信号。客户寄件时可以扫描运单上的二维码，快速、准确下单。如果查询的快件状态发生变化，"顺丰微信"将主动推送信息至客户，为客户提供全方面的自助服务。

5. 纳米技术

国外致力于纳米技术研究的 RussellCowburn 教授公布，镍铁导磁合金原子播撒在条形编码上，再把条码贴于商品和档案上，或者用相同的方法制成电子线路，印制不同排列的图案，每一种图案如同人类的指纹，都是唯一的，因此条码的磁场唯一。不同的磁场以不同的方式发光，每条条码上偏振激光的反应可以揭示其磁场的特性。这样磁场的特性连同对应它的数码编入数据库，形成新型的纳米磁性颗粒条码系统。具有不可仿制特性的纳米条码为检测商品真伪提供了最为直接有力的证据。

6. 智慧技术

智慧技术是多种现代高新技术的综合。智慧物流系统重视将物联网、传感网与现有的互联网整合起来，通过以精细、动态、科学的管理，实现物流的自动化、可视化、可控化、智能化、网络化。

拓展阅读

人脸识别技术

人脸识别，是基于人的脸部特征信息进行身份识别的一种生物识别技术。它是用摄像机或摄像头采集含有人脸的图像或视频流，并自动在图像中检测和跟踪人脸，进而对检测到的人脸进行脸部识别的一系列相关技术，通常也叫做人像识别技术、面部识别技术。

传统的人脸识别技术主要是基于可见光图像的人脸识别，这也是人们熟悉的识别方式，已有30多年的研发历史。但这种方式有着难以克服的缺陷，尤其在环境光照发生变化时，识别效果会急剧下降，无法满足实际系统的需要。解决光照问题的方案有三维图像人脸识别和热成像人脸识别。但这两种技术还远不成熟，识别效果不尽人意。

迅速发展起来的一种解决方案是基于主动近红外图像的多光源人脸识别技术。它可以克服光线变化的影响，有卓越的识别性能，在精度、稳定性和速度方面的整体系统性能超过三维图像人脸识别。这项技术在近两三年发展迅速，使人脸识别技术逐渐走向实用化。

人脸与人体的其他生物特征（指纹、虹膜等）一样与生俱来，它的唯一性和不易被复制的良好特性为身份鉴别提供了必要的前提，与其他类型的生物识别比较人脸识别具有如下特点：

非强制性：用户不需要专门配合人脸采集设备，几乎可以在无意识的状态下就可获取人脸图像，这样的取样方式没有"强制性"。

非接触性：用户不需要和设备直接接触就能获取人脸图像。

并发性：在实际应用场景下可以进行多个人脸的分拣、判断及识别。

除此之外，它还有操作简单、结果直观、隐蔽性好等特点。

人脸识别系统主要包括四个组成部分，分别为：人脸图像采集及检测、人脸图像预处理、人脸图像特征提取以及匹配与识别。

(1) 人脸图像采集及检测。人脸图像采集：不同的人脸图像都能通过摄像镜头采集下来，比如静态图像、动态图像、不同的位置、不同表情等方面都可以得到很好的采集。当用户在采集设备的拍摄范围内时，采集设备会自动搜索并拍摄用户的人脸图像。

人脸检测：人脸检测在实际中主要用于人脸识别的预处理，即在图像中准确标定出人脸的位置和大小。人脸图像中包含的模式特征十分丰富，如直方图特征、颜色特征、模板特征、结构特征及Haar特征等。人脸检测就是把这其中有用的信息挑出来，并利用这些特征实现人脸检测。

(2) 人脸图像预处理。对于人脸的图像预处理是基于人脸检测结果，对图像进行处理并最终服务于特征提取的过程。系统获取的原始图像由于受到各种条件的限制和随机干扰，往往不能直接使用，必须在图像处理的早期阶段对它进行灰度校正、噪声过滤等图像预处理。对于人脸图像而言，其预处理过程主要包括人脸图像的光线补偿、灰度变换、直方图均衡化、归一化、几何校正、滤波以及锐化等。

(3) 人脸图像特征提取。人脸识别系统可使用的特征通常分为视觉特征、像素统计特征、人脸图像变换系数特征、人脸图像代数特征等。人脸特征提取就是针对人脸的某些特征进行的。人脸特征提取，也称人脸表征，它是对人脸进行特征建模的过程。人脸特征提取的方法归纳起来分为两大类：一种是基于知识的表征方法；另外一种是基于代数特征或统计学习的表征方法。

基于知识的表征方法主要是根据人脸器官的形状描述以及它们之间的距离特性来获得有助于人脸分类的特征数据，其特征分量通常包括特征点间的欧氏距离、曲率和角度等。人脸由眼睛、鼻子、嘴、下巴等局部构成，对这些局部和它们之间结构关系的几何描述，可作为识别人脸的重要特征，这些特征被称为几何特征。基于知识的人脸表征主要包括基于几何特征的方法和模板匹配法。

(4) 人脸图像匹配与识别。提取的人脸图像的特征数据与数据库中存储的特征模板进行搜索匹配，通过设定一个阈值，当相似度超过这一阈值，则把匹配得到的结果输出。人脸识别就是将待识别的人脸特征与已得到的人脸特征模板进行比较，根据相似程度对人脸的身份信息进行判断。这一过程又分为两类：一类是确认，是一对一进行图像比较的过程，另一类是辨认，是一对多进行图像匹配对比的过程。

人脸识别产品已广泛应用于金融、司法、军队、公安、边检、政府、航天、电力、工厂、教育、医疗及众多企事业单位等领域。随着技术的进一步成熟和社会认同度的提高，人脸识别技术将应用在更多的领域。

2017年9月，支付宝与菜鸟网络在上海举办物流开放大会，宣布面向中小物流企业开放支付、营销、信用、金融等能力。同时，蚂蚁金服的人脸识别技术也将向物流行业开放，自提柜可实现5秒内完成的"刷脸取件"。

自提柜厂商"递易"已应用该技术，并在上海试点首批支持刷脸取件的自提柜。

据介绍，用户收到取件通知后，在智能快递柜操作界面上选择"刷脸取件"，系统进入人脸识别状态；识别成功后，箱门自动打开，就能取走自己的快递了。整个取件过程省去了输入验证码的繁琐，时间仅需5秒。如果是首次使用，用户需要先在支付宝App上开通此功能。

首批智能快递柜将在上海5个快递站进行试点。递易CEO邹建华表示："从行业发展角度看，在上海未来三年内至少有1万个网点会通过人脸识别技术开柜了。"

与"刷脸登录"相比，"刷脸支付"难度更大。一方面，由于涉及资金，支付在安全性方面的要求比登录更高。而另一方面，刷脸支付多在线下公共设备和公开环境中进行，场景复杂多变，如昼夜间的光线变化、不同人群面对摄像头的角度与姿势差异，都会使识别难度提高。

蚂蚁金服生物识别技术负责人陈继东表示，目前支付宝的人脸识别准确率已远超肉眼，而且有独创的活体检测算法来判断采集到的人脸信息是否为照片、视频等冒充。

本章小结

本部分从物流信息标准化出发，介绍物流编码与条码技术，针对各种现代物流中比较实用的信息技术进行了全面描述，特别是针对RFID技术以及GPS等技术在物流的应用进行了介绍，并通过实例综合阐述了多种信息技术在物流中的综合应用。

小资料

海尔集团通过条码管理实现物流在供应链全过程中的透明追踪

现代物流区别于传统物流的地方主要是信息化和网络化，而条码技术作为物流信息系统的基础和节点，在物流信息化中起着举足轻重的作用。条码就像一条纽带，记录产品生命期中各阶段发生的信息，通过正确的决策在激烈的市场竞争中获得有利地位。

一、条码在企业应用的背景

现代企业为满足市场多元化的需求，生产制造也在向小批量、多品种的模式转移，传统的手工方式会降低各个环节的工作效率，也将无法进行整体的数据分析进而给管理决策提供真实、可靠的依据；而目前现代化企业从生产物料配套到成品发运各环节的复杂性极大地影响了产品的生产、发运效率，杂乱无序的物料仓库、复杂的生产备料及成品发运计划的执行几乎是每个企业所遇到的难题。

而条码的产生恰恰解决了企业的上述问题，具体表现在：

(1) 条码广泛的应用实现了企业的 JIT 模式（JIT 模式，Just In Time，准时生产，又称 JIT 系统，JIT 生产模式。其实质是保持物流和信息流在生产中的同步，实现以恰当数量的物料，在恰当的时候进入恰当的地方，生产出恰当质量的产品。这种方法可以减少库存，缩短工时，降低成本，提高生产效率。）。现代企业与企业的竞争已经不是简单的成本与质量的竞争，而是企业与企业的供应链之间的竞争，谁的供应链速度快，谁就能在竞争中取得主动权，而物流的速度直接影响供应链和速度。通过在物流的各环节应用条码管理，能够实现采购 JIT、原材料配送 JIT 及成品分拨的 JIT。

(2) 条码的应用实现了物流环节的零差错。速度与差错率往往是矛盾的两个方面，企业在速度提高的同时，往往差错率也升高了，但是条码的应用恰恰很好地解决了这一难题。由于条码的统一性与可识别性，使企业能在提高效率的同时将差错率降到最低，最终实现零差错、零损失的目标。

(3) 条码广泛的应用为企业正确的决策提供了准确的依据。库存是影响企业利润与现金流最主要的问题之一，但是随着企业规模的不断扩大，管理范围的不断延伸，如何及时准确获得库存、库龄的信息变得尤为重要，因为正确的信息会支持正确的决策，而错误与滞后的企业往往会使企业的决策人做出错误的决策，贻误机会；另一方面，库存现金流、及时性均是企业比较重要的考核指标，如何与人结合起来，调动员工积极性，也需要及时准确的信息。而条码使人、物、设备有机地结合为一个整体，通过时时传递采集的信息，给决策者最准确的管理与决策依据。

二、条码应用的基础

既然条码的应用有很多的好处，为什么很多企业不能很好地应用呢？企业在条码广泛应用前必须做好基础的工作。

1. 后台的信息系统是条码应用最重要的基础

条码本身是一种采集数据的工具，如果没有后台信息系统的支撑，条码无法发挥其作用。条码防止差错的实现基础是校验功能，这就需要有校验的标准与预算，这样条形码才能发挥其功能，否则，扫描的信息堆积在一起，失去了防差错的目的。

一般的企业均是在自己的 ERP 系统上通过条码技术作为补充，实现自己的管理需要，而随着目前技术的进步，后台系统与前台通信的技术更加科学、迅速，使两者融为一体。

2. 标准化是推进条码应用的另一重要基础

在条码使用之前，企业必须对自己要通过条码搜集的信息进行标准化，比如产品的编码、供应商的编码、人员的编码、设备的编码……如果不对这些编码标准化，大家不能有同样的语言，最后扫描出来的信息杂乱无章，更不能够支持决策。实际上，能够非常规范地应用条形码，也体现了一个企业基础的管理水平。

3. 条码的应用网络与设备是基础支撑

目前的扫描设备基本分为有线扫描、无线批处理扫描与无线实时（RF）扫描，无论何种方式，在其上传下载信息时必须需要网络的支撑。目前我国有非常多的老式仓库，条件差，网络信号无法达到，给条码广泛的应用带来很大困难，而企业自己投资的费用又非常高，这也是仓库在进行基础设施建设时必须注意的事项之一。

三、海尔集团的条码应用

海尔集团为适应时代的需要，自 1998 年开始进行流程再造，成立了物流推进部，将原来分散在 28 个产品事业部的采购、原材料仓储配送、成品仓储配送统一整合，成立独立运作的专业物流公司。通过整合全球化的采购资源，建立起双赢的供应链，多产业的积聚促成一条完整的家电产业链；同时，依托强大的全球配送网络，利用先进的信息技术与物流技术，打造出一流的现代物流体系，实现了物流全过程的精细化管理，不仅提升了海尔的核心竞争力，而且以骄人的成绩被中国物流与采购联合会授予首家"中国物流示范基地"的美誉，并在 2003 年中国物流科技进步奖首届评选中，被授予唯一的一等奖。

（一）实施条码管理先做基础工作

在条码应用之前，海尔物流信息系统采用世界依靠的ERP软件供应商SAP公司的产品，管理从采购、制造到配送、销售过程中的每一个环节，同时为完善仓库操作层面的管理，海尔物流信息中心开发了基于ERP系统的WMS系统，这些均为条码的广泛应用打下了坚实的基础；同时，集团的标准化部门根据前期信息系统使用过程出现的问题，设计出一套完整、科学的编码规则，使人、产品、设备、工位、仓位均有了规范统一的符号，为条码在28个产品事业部，8个工业园及42个配送中心的推广做好了准备。海尔信息系统的提前的推广，网络共享，解决了基础设施的瓶颈。

（二）海尔的条码管理实现了供应链全过程的透明追踪

1. 海尔物流条码的种类

目前海尔物流应用最为广泛的条码主要分为7种：托盘条码、物料条码、仓位条码、成品条码、操作人员条码、工位条码及设备条码。

托盘条码由6位阿拉伯数字组成，具有唯一性，贴在托盘四面的中央，方便不同位置的扫描。托盘条码可以循环使用。为了让托盘条码保留的时间长久，托盘条码采用特殊材料印制，具有防水、不易划破、使用时间等优点。

物流条码相当于物资标签，每个容器外部都有一张物料条码，包含物料号、物料描述、批号、供应商及送货数量等信息。

仓位条码相当于一个三维坐标，标识青岛物流中心每个仓位的具体位置，仓位条码用 * − * − * 表示，如01 − 09 − 03，01代表第1巷道，09代表第9列，03代表第3层。

成品条码主要用来标记出厂成品，运用于整个成品下线、仓储及配送。成品条码共计20位，包括产品大类、版本号、流通特征、生产特征、序列号等信息。

工位条码是集团将所有的生产线统一编码，产品可追溯生产线的生产工艺与质量。

人码是海尔集团所有员工的编码，人码与其他条码结合能够及时追溯到责任，同时也是集团进行分配的依据。

设备码是集团为所有设备的编码，为全面设备管理提供依据。

2. 条码在各环节的应用

条码和RF技术在海尔得到了普遍应用。目前，从海尔产品的零部件，到海尔的产成品，每一个和物流相关的环节都在采用条码进行终端数据采集。条码扫描也成为海尔产品流通环节中不可或缺的信息技术。

（1）原材料收货扫描：自动识别订单，实现按单收货。海尔零部件供应商在送货时，产品的外包装上，都贴有海尔物流标准的物料标签，标签内容包括物流料号、送货数量、订单批号、供应商名称等，每种内容除了用数字或字母标明外，还必须配有准确的条码信息，这样海尔物流员工在收货时，通过对条码信息扫描，就可以将供应商的送货信息实时传递到ERP系统中，完成按照采购订单收货。扫描系统不仅仅是简单的记录功能，还能够根据后台的ERP采购订单信息进行自动判断，对不符合的信息自动闸口，避免人为因素对收货操作的干扰。

（2）原材料仓储配送扫描：实现原材料过站式按单配送。海尔物流采用先进的过站式物流运作模式，在海尔，仓库不再是储存物资的水库，而是一条流动的河，河中流动的是按单采购来生产必需的物资，也就是按订单来进行采购、制造等活动，这就要求库存信息系统在低库存乃至零库存的要求下，准确地满足事业部连续大规模的流水线式生产。

（3）按订单配送。由于海尔集团采用按订单制造（make to order）的模式，生产线订单的信息通过ERP系统与看板系统，物料配送信息会自动传递给物流仓库中的无线条码扫描终端，配送中心按照订单信息拣配，并根据生产线的信息配送至工位。

(4) 按订单交接。物流送到生产线旁,由物流的送料员与制造部的叫料人员扫描交接,交接的过程先扫描物料系统,在确认无误后扫描双方的人码,这样交接及时准确,交换扫描的信息直接传递到 ERP 系统,成为物流与制造部结算的依据。

(5) 产成品下线扫描:实现按单生产自动闸口。成品生产完毕装箱后,在下线点使用有线扫描终端扫描成品条码,搜集生产完工信息,并自动在 ERP 系统中对在拉料配送过程中增加的工位进行反冲,确保下次拉料配送的准确性。同时,扫描系统根据 ERP 系统中的订单信息,对下线产品的数量进行统计,避免造成无订单或超订单生产。

(6) 按订单核算。产品配送完成后根据订单,系统能够核算投入与产出,对每天生产中的物耗到单、到人、到天。这样一来,不仅可以满足客户大规模、流动式的生产线需求,同时可以为客户实现过站式物流运作模式;通过核算出每个订单的投入产出,为精益制造打下基础。

(7) 成品装车扫描:实现成品按单装车。成品生产完毕,进入装车配送环节。在装车时使用无线条码扫描终端扫描成品条码,记录装车车号、产品型号、数量等关键信息,同时扫描系统实时和后台 ERP 系统的订单信息校对,对错装、漏装、多装或不按照订单装货等错误操作进行闸口,有效避免了无效作业。同时为提高装卸效率,对成品运单号扫描、装卸产品的扫描,可以实时监控到装车效率,实现成品运输装车零等待的目标。

(8) 成品仓储配送扫描:实现成品按单配送。在成品装车、出口装箱时,通过条码技术,使车辆与每个集装箱的货物一目了然,并起到计算机校验审核的功能,每天能够准确地发运 5 万台以上的产品;成品在收货时,通过入库扫描,自动记录入库型号、数量、仓位等信息并实时记账,同时和后台 ERP 系统的运单或交货单信息进行核对,对错误信息实时闸口,提高效率;在出库操作时,根据提货单,扫描系统自动提示出库仓位,系统可根据成品库龄按先进先出原则指导出库,并在后台自动过账,使每天、每种产品的库存、库龄一目了然。

海尔物流创新采用了全过程的条码管理,实现了从原材料按单采购、按单配送、按单生产到成品的按单装车、按单配送的全程可视化追踪。

四、全过程条码管理带来的收益

通过全过程的条码管理,海尔物流不仅实现了对物料周转过程的监控,同时也实现了对各种错误操作和信息的自动闸口。条码扫描技术为海尔物流带来了巨大的经济效益:海尔集团每月平均接到 60000 多个销售订单,这些订单的定制产品品种达 7000 多个,需要采购的物料品种达 30 多万种,在这种复杂的情况下,通过条码扫描的实时取数、自动跳闸,使海尔的库存信息准确率和出入库信息准确率都达到 99% 以上;呆滞物资降低 90%,库存资金减少 63%;同时通过全过程的条码扫描管理,不仅实现了可视化的仓库管理、成品运输的透明追踪以及无纸化的作业环境,而且能够使各环节责任到人并对非按单作业自动跳闸,为集团每年节约大量资金,提高了企业的核心竞争力。

实训练习

1. 解释下列术语

物流信息　自动识别设备　POS 机　GPS

2. 简答题

(1) 物流信息设备主要有哪些分类?

(2) 简述自动识别技术的概念。

(3) POS 机主要有哪些特点?

(4) GPS 在物流领域主要有哪些应用?

3. 拓展思考

通过本章的学习,你认为在从事物流管理过程中需要了解和掌握哪些物流信息方面的知识?

第 9 章 物联网技术与应用

问题的提出

1. 什么是物联网？
2. 物联网的关键技术有哪些？
3. 物联网的行业应用可以分为哪些？

本章导入

物联网在生产监控中的应用，使企业信息量大幅增长，使企业网内人—机通信量、机—机通信量大大增加，传统的管理信息系统架构将不再适应，需要更科学合理的系统结构，从而导致面向工厂生产的流程管理系统架构——"工厂架构"（Factory Framework）的诞生。

FORCAM 是一家从事机械行业整厂监控的企业，于 2009 年 12 月推出了"工厂架构"软件，作为整厂 TEEP（整体设备绩效分析系统）的整体解决方案。

该软件的前端通过一批部署在厂房内对各类运转设备连接的运动控制系统（Motion Control System，MCS，类似于 Smart Motor System），将采集到的各台设备的运行数据回传，再按厂区、生产线、设备与零件各层级依序展开，全面而有序地分析整厂的设备加工效率、成本效益，以及瓶颈所在，作为管理者进行绩效评估、制订改进方案的参考。

9.1 物联网的相关概念

9.1.1 物联网概念的提出

尽管此前已有多种相关论述，但"物联网"这一概念比较正式的提出是在 2005 年 11 月 17 日，在突尼斯举行的"信息社会峰会（WSIS）"上，国际电信联盟（ITU）发布了《ITU 互联网报告 2005：物联网》。该报告指出：无所不在的"物联网"通信时代即将来临，世界上所有的物体（从轮胎到牙刷、从房屋到公路设施等）都可以通过互联网进行数据交换。射频识别技术（RFID）、传感器技术、纳米技术、智能嵌入技术等将得到更加广泛的应用。

根据 ITU 的描述，在物联网时代，通过在各种各样的日常用品中嵌入短距离移动收发器，人类在信息与通信世界里将获得一个新的沟通维度，即从任何时间任何地点的人与人之间的沟通连接，扩展到人与物和物与物之间的沟通连接。

9.1.2 物联网的定义

1. 基本定义

物联网（The Internet of Things，IoT）的定义有多种，普遍认可的一种是：通过射频识别技术、红外感应器、全球定位系统、激光扫描器等信息传感设备，按规定协议，将任何物品通过有线与无线方式与互联网连接，进行通信和信息交换，以实现智能化识别、定位、跟踪、监控和管理的一种网络。

"The Internet of Things"可理解为"物物相连的互联网"，但互联网原义是指计算机网络，所以"物联网"有两层含义：第一，物联网的基础和支撑仍是功能强大的计算机系统，它是以计算机网络为核心进行延伸和扩展而成的网络；第二，其用户端已延伸和扩展到了众多物品与物品之间，进行数据交换和通信，以实现许多全新的系统功能。

2. 相关说明

物联网是个新兴领域，人们对它的认知还在不断充实与完善中。不同行业、不同部门从不同的技术视角出发，都有一些特定的陈述。

英文百科 Wikipedia 对其的定义较简单：The Internet of things refers to a network of objects, such as household appliances（像家用电器一样的物体的互联网络）。另外，这一概念在不同场合中有不同的表述方式，如 M2M（Machine to Machine）、传感网（Sensor Networks）、普适计算（Pervasive Computing）、泛在计算（Ubiquitous Computing）、环境感知智能（Ambient Intelligence）等，各自从不同的侧面反映了物联网的一些特征。

9.1.3 物联网的特点

物联网是运用物联技术建立的应用网络系统，其显著特点是：在物联网中除了人与人之间可以相互联系、人可取得物体对象的信息之外，对象与对象之间也可通过网络彼此交换信息、协同运作、相互操控，从而创造出一批自动化程度更高、反应更灵敏、功能更强大、更适应各种内外环境、耐候性更强、对各产业领域拉动力更大的应用系统。

根据国际电信联盟的描述，物联网的运行可分为"时间（Time）、地点（Place）与物件（Thing）"三个维度，在这三个维度空间中可创造出所有对象皆可在任何时间、任何地点相互沟通的环境，如图9-1所示。

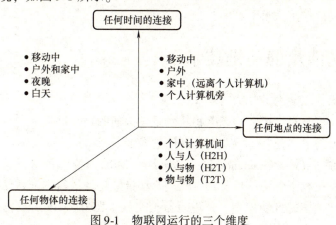

图9-1 物联网运行的三个维度

图 9-1 从三个维度表示了任何时间、任何地点、任何物体间的互联进程，与传统信息系统相比，其特点就在任何物体之间的互联上：从早期的 PC 之间互联，到人与人（H2H）的非 PC 方式互联，人与物（H2T）之间使用普通设备互联以及物与物（T2T）之间互联。

9.1.4 物联网应用的特征

物联网应用整体具有爆发力强、关联度大、渗透性高、应用范围广的特点，但从物联网的构成分层来看，可以在以下 3 个层面表现物联网的特征。

1. 从传感信息本身来看

（1）信息多源性。在物联网中会存在难以计数的传感器，每个传感器都是一个信息源。

（2）信息格式多样性。传感器有不同的类别，如二氧化碳浓度传感器、温度传感器、湿度传感器等，不同类别的传感器所捕获、传递的信息内容和信息格式会存在差异。

（3）信息内容实时变化性。传感器按一定的频率周期性地采集环境信息，每做一次新的采集就得到新的数据。

2. 从传感信息的组织管理角度看

（1）信息量大。物联网上的传感器难以计数，每个传感器定时采集信息，不断积累，形成海量信息。

（2）信息完整性。不同的应用可能会使用传感器采集到的部分信息，存储的时候必须保证信息的完整性，以适应不同的应用需求。

（3）信息易用性。信息量规模的扩大导致信息的维护、查找、使用的难度也迅速增加，从海量信息中方便地使用需要的信息，要求提供易用性保障。

3. 从传感信息的使用角度看

（1）多视角过滤和分析。对海量传感信息进行过滤和分析是有效使用这些信息的关键，面对不同的应用需求要从不同的角度进行过滤和分析。

（2）领域性、多样化。物联网应用通常具有领域性，几乎社会生活的各个领域都有物联网应用需求。可以预见，跨领域的物联网应用也会很快出现。

（3）对于物联网的应用还会呈现两大特点，即规模性和流动性。只有具备了规模，才能使网络的智能发挥作用。

9.2 物联网涉及的关键技术

1. 物联网发展的关键技术

为了创造人、事、时、地、物都能相互联系与沟通的物联网环境，以下几项技术将起关键作用，其发展与成熟程度也将左右物联网的发展。

（1）射频识别（Radio-Frequency Identification，RFID）技术。它是非接触式自动识别技术其中的一种，是利用射频信号及其空间耦合和传输特性进行的非接触式双向通信，可实现对静止或移动物体的自动识别，并进行数据交换。RFID 系统的数据存储在射频标签

（RFID Tag）中，其能量供应及与识读器之间的数据交换不是通过电流而是通过磁场或电磁场进行的。射频识别系统包括射频标签和识读器两部分。射频标签粘贴或安装在产品或物体上，识读器读取存储于标签中的数据，如图 9-2 所示。

RFID 具有识读距离远、识读速度快、不受环境限制、可读写性好、能同时识读多个物品等优点。随着技术的发展，成本的不断降低，其普及面将越来越广。目前

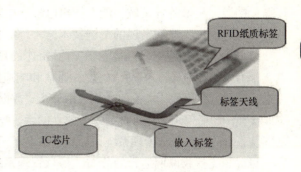

图 9-2　射频标签结构

日常生活环境中已普遍存在 RFID 的相关应用，如公交卡、各类银行卡、电子交通无人收费（ETC）系统、物流与供应链管理、工业生产控制等。RFID 技术相对成熟，在物联网的发展中扮演基础性的角色。

（2）无线传感网（Wireless Sensor Network，WSN）。无线传感网是一种可监测周围环境变化的技术，它通过传感器和无线网络的结合，自动感知、采集和处理其覆盖区域中被感知对象的各种变化的数据，让远端的观察者通过这些数据判断对象的运行状况或相关环境的变化等，以决定是否采取相应行动，或由系统按相关模型的设定自动进行调整或响应等。无线传感网有极其广阔的应用空间，如环境监测、水资源管理、生产安全监控、桥梁倾斜监控、家中或企业内的安全性监控及员工管理等。在物联网中通过与不同类型的传感器搭配，可扩展出各种不同类型的应用。

（3）嵌入式技术（Embedded Intelligence）。嵌入式技术是一种将硬件和软件结合、组成嵌入式系统的技术。嵌入式系统是将微处理器嵌入受控器件内部，为实现特定应用的应用计算机系统。嵌入式系统只针对一些特殊的任务，设计人员能对它进行优化、减小尺寸、降低成本、大量生产。其核心由一个或几个预先编程好的、用来执行少数几项任务的微处理器或者微控制器组成。与通用计算机上能运行的用户可选择的软件不同，嵌入式系统中的软件通常是不变的，故常称为"韧件"。

嵌入式系统已有极广泛的应用，如工业控制领域中的过程控制、数字机床、电力系统、电网安全、电网设备检测、石油化工系统等；交通管理领域中的车辆导航、流量控制、信息检测与汽车服务等方面；信息家电领域中的冰箱、空调等的网络化、智能化等。各种类型的设备皆可通过嵌入式技术使其具备接收网络信息与处理信息的能力，或是附加强大的软件运算技术使其成为智能化的装置。在物联网的发展中，所有的对象都要具备接收、传递与处理信息的能力，因此嵌入式技术的发展日显重要。

（4）纳米与微机电系统（Nanotechnology and Micro Electromechanical Systems）。为了让所有对象都具备联网及数据处理能力，运算芯片的微型化和精准度的重要性与日俱增。在微型化上，人们利用纳米技术开发出更细微的机器组件，或创造出新的结构与材料，以应对各种恶劣的应用环境；在精准度方面，近年微机电技术已有突破性发展，在接收自然界的声、光、振动、温度等模拟信号后转换为数字信号，再传递给控制器响应的一连串处理的精准度提升了许多。由于纳米及微机电技术应用的范围遍及信息、医疗、生物、化学、

环境、能源、机械等各领域,能发挥出电气、电磁、光学、强度、耐热等方面的全新物质特性,也将成为物联网发展的关键技术之一。

(5) 分布式信息管理技术。在物物相连的环境中,每个传感节点都是数据源和处理点,都有数据库存取、识别、处理、通信和响应等作业,需要用分布式信息管理技术来操纵这些节点。在这种环境下,往往采用分布式数据库系统来管理这些数据节点,使之在网络中连接在一起。每个节点可视为一个独立的微数据系统,都拥有各自的数据表、处理机、终端以及各自的局部数据管理系统,形成逻辑上属于同一系统但物理上彼此分开的架构。

目前,支持物联网运行的分布式信息管理系统已成为信息处理的重要领域,它将解决以下一些问题:

① 组织上分散而数据需要相互联系的问题。比如智能交通系统,各路段分别位于不同城市及城市中的各个区段,尽管在交通流量监测时各节点需要处理各路段的数据,但更需要彼此之间进行交换和处理,动态预测各地的路况并发出拥堵预警信息,为每辆车提供实时优化的行车路线等。显然,这种需求下,各节点的运算量、后台数据中心的运算量都是极其庞大的。

② 如果一个机构单元需要增加新的相对自主的传感单元来扩充功能,则可在对当前系统影响最小的情况下进行扩充。

③ 均衡负载。数据传感和处理应使局部应用达到最大,各传感处理节点、副节点与数据汇聚节点之间的存储与处理能力达到均衡,并使相互间干扰降到最低。负载在各处理点之间分担,以避免临界瓶颈。

④ 当现有系统中存在多个数据库系统,且全局应用的必要性增加时,就可由这些数据库自上而下地结合成分布式信息管理系统。

⑤ 不仅支持传统意义的分布式计算,还要支持移动计算到普适计算,保证系统具备高可靠性与可用性。

从分布式信息管理系统的发展上看,总体需求应能满足物联网的智能空间的有效运用 (Effective Use of Smart Spaces)、不可见性 (Invisibility)、本地化可伸缩性 (Localized Scalability) 和屏蔽非均衡条件 (Masking Uneven Conditioning)。通过将计算基础结构嵌入各种固定与移动物体对象中,一个智能空间 (Smart Space) 就能将两个世界 (指移动和固定空间) 中的信息联系在一起。图9-3中智慧的补货盒子就采用了这种技术。

图9-3 智慧的补货盒

信息技术、物联网技术等的集成应用能够实现智能补货，如图9-3所示，所有物料盒都有传感器测量物料数量数据，并用网线相连，通过网线物流盒的库存状况随时更新库存数据汇聚到电脑，并一天两次将数据上传到供应商的服务器中。有了这些数据，供应商就可以对货物进行及时补充。

9.3 RFID 技术在物流中的应用

9.3.1 RFID 系统架构

RFID 技术与互联网技术的结合使物流储运中的所有资源、物品、商品在信息网络中变成了透明的数据流，其应用范围贯穿货物供应、生产、储存、包装，以及物流、零售、防伪等环节，极大地提高了物流效率。目前，RFID 技术在沃尔玛、敦豪快递、宝洁（P&G）等许多公司的运营实务中已经广泛运用。基于 RFID 技术企业信息管理系统架构如图9-4所示：

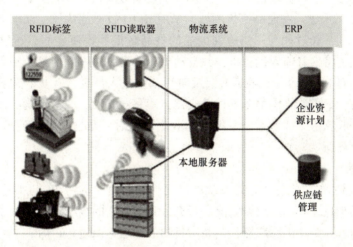

图 9-4　RFID 系统架构

9.3.2 RFID 在实时物流中的作用

实时的物流信息采集是"实时物流"的起点。物流信息的实时采集主要利用现代自动识别技术，如物流条码技术和 RFID 技术。因为 RFID 技术有着条码技术无法比拟的优势，所以，它在物流领域的应用前景十分广阔。RFID 技术在实时物流中的应用主要是在对物流的实时信息采集和实时追踪两个方面。

1. 实时信息采集

（1）仓储信息采集。传统仓储管理方式的核心是计算机，但货物的信息输入还依赖手工进行，其结果是：既增大了工作量，又使数据的准确率下降，而且这样也存在存储环节上信息的时间延迟。使用 RFID 系统时，可在货物仓库的库区内设置一定数量的信号发射和接收装置，使整个库区覆盖在一个完整的控制网络之下，当携带有电子标签的货物（一一般为大型和重要货物）进入射频天线工作区后，电子标签被激活，标签上所有的数据，如生产厂家、货品名称、数量、批号、发货地址和目的地址等，都通过标签上的发射天线发射出去。系统的接收天线接收到此信号后通过传输线传给阅读器，经阅读器解码和校验后输入计算机，则此商品的全部信息都被完整而准确地记录下来。只要货物不离开库区，货物的所有信息均在计算机的监控之下，如货物所在库区中的位置、何时进入库区、何时调出库区等，计算机都有准确的记录。此系统比传统的条码管理方式更加方便、准确、快捷、灵活，同时也极大地提高了货物的安全性。

（2）分拣信息采集。在配送和仓库出货时，采用分货、拣选方式，需要快速处理大量的货物。RFID 系统在对物品的全部库存信息进行有效管理的基础上，将客户订单信息输入电子标签控制系统，电子显示屏会立刻显示出所拣选商品在货架上的具体位置及拣选的数量。作业人员按照这些信息可以方便、快捷、准确地从货架里取出商品，放到取货周转箱内，并将其送入下一环节。同时，电子标签反馈给系统出货信息，系统将及时自动更新库存信息。使用 RFID 系统对货物进行分拣，可以在同一时刻对多个目标进行识别，不像使用条码必须对每一个目标进行扫描，工作效率大大提高，并且减少了等待时间。

（3）销售信息采集。在商品销售领域，采用 RFID 技术能快速、准确地利用计算机进行销售和配送管理。其过程为：供应商配送的货品运抵零售商仓库，通过 RFID 读写器，对货物进行清点，将信息输入计算机，并自动更新零售商的库存信息。随着零售卖场里面的商品减少，装有 RFID 读写器的货架会及时通知服务人员进行补货。顾客选购结束，对商品进行结算时，只需要将购物车推过感应器，读写器就会把顾客选购的商品信息输入计算机，然后输进收款机。收款后，系统开出收据，同时，通过计算机处理，商品进、销、存数据都被实时更新。

2. 实时追踪

基于 RFID 技术的货物托盘追踪系统可以对物流企业的货物实时追踪，以达到在仓储过程中对货物的数量、状态和运输情况进行充分管理。它的核心是在每一个通过仓库入口的货物托盘上附着一个小的感应器，当装有货物的搬运车通过入口时，中心计算机可以通过货物托盘上的感应器得知是哪一个搬运车通过。当搬运车满载通过时，中心计算机还可以通过原始记录比对现有的货物重量来查询是否正确。这样不但提高了每天运送大量货物的效率，同时也保证了货物运输记录的准确性。

另外，在货物运输过程中，可以利用 RFID 技术对货物进行跟踪。在这个跟踪系统中，通过在集装箱贴上电子标签，并将读写器安装在运输线（公路、铁路等）的关键点上（如门柱上、桥墩旁等），以及仓库、车站、码头、机场等关键地点，读写器收到电子标签里的信息后，连通接收地的位置信息，上传至通信卫星，再由通信卫星传送到调度中心，送入中心信息数据库中，实现货物在订购、运输、存储过程中的实时追踪。这项技术已经在伊拉克战争中得到应用，美军在伊拉克战争中投入 27.2 亿美元来对军用物资进行 RFID 管理设计，将所有的空运和民用船只运输的战争物资都用 RFID 来进行数字标识，以便准确地追踪国防部发往海湾的 4 万个集装箱，全程跟踪"人员流"、"装备流"和"物资流"，并指挥和控制其接收、分发和调换，使物资的供应和管理具有较高的透明度，大大提高了供给的有效性。

9.3.3 RFID 的具体应用

近年来，RFID 应用的推动力量包括美国国防部以及沃尔玛、METRO 等大型物流企业，如图 9-5 所示，RFID 在多个领域已经取得切实应用效果，并将具有良好的应用前景。

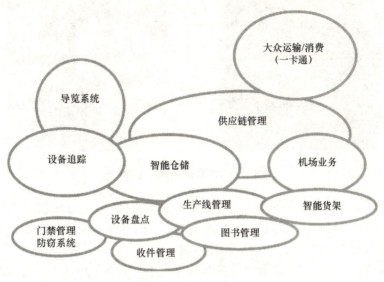

图 9-5 RFID 应用蓝图

（1）军事物流应用。军事物流的应用首先刺激 RFID 的大规模应用，在海湾战争中，RFID 成功应用于管理军需物资货场管理。

（2）工业生产物流应用。在工业生产过程中，RFID 技术能够实现工件单一 ID 自动识别，如图 9-6 所示，目前已经应用于汽车自动装配线、柔性制造等领域。

图 9-6 RFID 工业应用

（3）商业零售物流应用。在商业零售领域，如图 9-7 所示，RFID 技术能够实现快速补货，避免缺货损失；快速结算，改善客户体验，提高服务质量，获得良好的效果。

图 9-7　RFID 商业零售应用

（4）畜牧业物流应用。其应用主要是监测动物生命过程，包括家禽、家畜和其他饲养类动物，以预防死亡性疾病的传播，实现质量问题可溯追踪，保障食品安全。美国农业部已经开发"全国动物监测系统"（NAIS-National Animal Identification System），用于追踪与外来动物或恶性疾病有接触史的所有牲畜和饲养基地。图 9-8 所示为带有 RFID 耳标的牛群经过装有 RFID 读写器的检测门。

图 9-8　带有 RFID 耳标的牛群通过检测门

（5）安全防伪应用。德国世界杯足球赛门票首次应用了 RFID 技术，以杜绝倒票和其他不安全因素，这是世界票务改革的一个具有里程碑意义的事件。

（6）医疗应用。其主要作用是保证病人用药和诊疗的安全。如图9-9所示，通过带有RFID标签的腕带，医院在治疗期间可进行病人身份的确认，避免医疗事故。

图9-9 带有RFID标签的腕带

RFID技术对现在以及未来物流相关领域，乃至人类生活各个方面，具有极其深远的影响。

9.3.4 RFID技术应用存在的问题

虽然RFID技术在许多应用领域表现良好，但在实际应用过程中还存在不少的问题，这些问题将阻碍RFID技术的进一步推广和应用。

1. RFID标准问题

RFID标准大致包含四类：技术标准（如符号、射频识别技术、IC卡标准等）；数据内容标准（如编码格式、语法标准等）；一致性标准（如印刷质量、测试规范等标准）；应用标准（如船运标签、产品包装标准等）。其中编码标准和通信协议（通信接口）是争夺得比较激烈的部分，它们也构成了RFID标准的核心。目前，RFID技术标准尚未形成各国都能接受的国际标准。主要是各国都从自身利益考虑而积极制定自己的RFID标准。现阶段国际上主要有三大阵营，一个是ISO组织的ISO/IEC18000，另外两个是美国的EPC Global和日本的UID。各国采用标准的不一致必然造成与之配套的硬件设备和软件系统的不统一，这已经给商品全球流通造成极大的阻碍，不适应全球经济一体化的发展。

2. 成本和应用软件问题

价格是RFID走向大规模市场应用的最大障碍。RFID标签的成本一直居高不下，目前一个RFID标签的价格最低可到几角钱。这是对于集装箱或者汽车、冰箱之类的大宗货物来说，当然算不上什么；但如果是相对于小宗商品来讲，这一价格必然会遭到成本上的质疑。除了标签外，还需要配置RFID其他相关设备，如RF信号发射机、信号接收机、编程器、天线等，也需要一笔巨大的投入。例如手持读写器目前的价格要数千元，一个企业配置少的几十台，多的几百台，这是一笔不菲的费用。标签、读取器和天线可望随着各大业者应用而使制造成本大幅降低，但著名顾问公司麦肯锡分析指出，厂商不能只着眼于RFID未来价格下跌就垂涎不已，因为这项技术还需进行企业资源规划（ERP）软件升级，而这部分可能所费不赀。

3. 隐私权问题

RFID 在技术上也有一定的缺陷。目前大多数 RFID 标签无法对阅读器进行身份验证。RFID 标签一旦接近 RF 扫描器，就会无条件自动发出信号，无法辨别其扫描器是否合法。这意味着如果有人携带一个 RF 扫描器上街，那么路上行人购物袋里的东西将会"一览无遗"，这将会带来极大的个人隐私保护问题。因为没有人会因为它使用起来方便而自愿让个人隐私权曝光。因而在欧美国家的许多组织也反对这项技术的使用，甚至有些地方政府也出面反对，例如禁止在身份证上使用 RFID 技术。目前，虽然有些公司可以对 RFID 标签设计出"销毁"指令，当购物者离开超市后，电子标签就不能工作，但超市做法合理吗？

4. 技术的瓶颈问题

根据机构 Auto-ID Center 所做的一项调查显示，即使贴上双重卷标，RFID 卷标牌仍有 3% 无法判读；只贴一个标签的吊牌则只有 78% 能被正确判读，这与目前光电阅读器 99.9% 的正确读取率相差甚远。此外，射频识别标签与读取机具有方向性，射频识别信号容易被物体所阻断，这也是技术未来发展的一大挑战。

5. 失业问题

企业采用射频识别系统后，将进一步取代人工操作，其衍生而来的问题，将是许多劳工面临失去工作的危机，例如超市的收银员将大大减少。这也是不可忽视的社会问题。

9.3.5 RFID 技术的应用前景

目前射频识别技术在应用过程中存在上述种种问题，但这些问题在国际标准组织、各国政府、制造商等的努力下，正开始逐步得到有效解决。其表现在以下几个方面：

1. RFID 的标准正逐步走向统一

ISO 是公认的全球非营利工业标准组织，ISO 所制定的 ISO/IEC18000 有着天然的公信力。目前 ISO/IEC 在各个频段的 RFID 都颁布了标准，且支持 ISO/IEC18000 标准的 RFID 产品最多。我国宣布 RFID 国家标准主要参考 ISO 组织的 ISO/IEC18000 标准，同时，美国等许多国家也考虑与 ISO 标准兼容，很显然未来必将存在一个跨国界的国际标准。

2. 标签成本将大幅降低

标签的成本与企业生产规模成反比，即生产规模越大，标签的成本越低，而成本越低，市场的规模也就越大。随着科技水平和工艺水平的进一步提高，标签成本将进一步降低。显然，只要有更多的企业使用 RFID，成本问题将成为历史。

3. 通过法律等保护隐私权

保护隐私权不能只从技术考虑，法律是协调技术进步与社会问题关系的重要手段。美国、日本、欧盟等国在 RFID 的隐私保护方面都有相应的法规或指导性文件，这些法律法规都将不断完善。

总而言之，作为一项新兴技术在发展之初存在不少问题和困难在所难免，就像当初沃尔玛公司推广条码一样，没有多少人想象到它会对生产、生活的影响是如此广泛，而今天，沃尔玛公司又是大力推广应用电子标签的公司。我们有理由相信，RFID 技术将是未来经济一个新的增长点。

拓展阅读

国际物联网展亮相中国苏州，成功促进产业链交流与合作

2017年3月29日，为期3天的2017中国国际物联网博览会（IOTE）春季展在苏州国际博览中心隆重开幕。国际物联网博览会历经九年的发展，如今已是国内综合性物联网展会之翘楚，因其在业界广泛的影响力而备受瞩目。

本届博览会作为一场关于物联网上下游完整产业链的年度盛会，邀请到了感知层（RFID、智能卡、传感器、条码、摄像头）、网络传输层（NB-IoT、LORA、Sigfox、蓝牙、3G/4G、Zigbee、GPS、GPRS、WiFi、WSN）以及应用层（云计算、移动支付、实时定位、智能家居）的代表品牌。参展企业将重点展示物联网技术在交通、工业、智能电网、智能家居、物流、防伪、人员、车辆、军事、资产管理、服饰、图书、智慧城市、环境监测等领域的整体解决方案和成功应用。

记者现场了解到，本届博览会主题为物联网应用，对中国物联网产业链的品牌形成了全面的聚合，吸引到近万名专业观众。从亮相会的企业中，可以看到：服装智能零售领域的核心RFID品牌有远望谷、信达物联、品冠物联等；工业物联网领域的知名品牌有上海铁勋、昱辰泰克、博拉、华清科盛等；智能建筑和智能家居领域的知名品牌有译筑、中海昇、鹤达、司南、天诚、基本立子等；定位系统提供商有成都精位、江苏唐恩、上海索罗思腾、苏州寻息等；其他领域的系统集成商有安艺网络（艺术品管理）、思迪信息（消防物联网）、杭州瑞瀛（婴儿防盗）、正久（智能餐饮）、奥肯（冷链物流）、比拉信息（医疗物联网）等。

展会相关负责人对记者表示："我们办活动的理念是不仅要把客户服务好，还要把客户的客户请过来。"作为本届展会的一大亮点，物联网下游终端用户的广泛参与吸引记者的注意。现场的终端用户包括服装品牌红豆集团、三六一度等；零售品牌信誉楼百货集团、永辉超市、旺千家超市等；物流品牌顺丰物流、上海德马物流等；医疗品牌国药控股、金河生物等；此外像新日铁、兖矿集团、住金软件、上海杰加欣餐饮管理、浙江华腾食品、上海芝兰家具、苏州贵妇人刺绣、东软集团等知名企业代表也纷纷莅临展会现场。显然，物联网的应用领域在不断细分，朝着更加专业的方向发展。

徐先生是本次现场一家专注物联网通用技术平台研发参展商的负责人，在接受记者采访时表示："目前我们对合作伙伴及客户颇为渴求，展会的观众很多为业界人士，这样双方的合作洽谈更有效率，目前已跟好几家企业在合作洽谈中。"

而一名前来参观本次展会的某零售企业负责人张先生，则是为了解决企业当前发展遇到的难题。张先生对记者表示："目前我们最想提升的是企业内部的运作效率，今天我最关注的演讲是远望谷有关零售行业的内容，此外还参观了远望谷和信达物联的展台，了解了他们的RFID技术，看对我们的业务提升帮助度有多大。"

记者最后有幸采访到了本次博览会的承办单位负责人物联传媒总经理杨先生。杨总对记者说："物联网近年的发展如火如荼，整个行业正在朝着更专业、更细分的领域拓展，这是近年的一个明显趋势。本届博览会的成功，得益于对天时、地利、人和三大因素的把握。"据介绍，本届展会为物联网行业的集成商、设备商、经销商、终端用户、产学研机构及行业专家等业人士搭建了一个广泛的交流合作平台，促进物联网行业健康快速地发展，使得基于物联网技术的先进应用尽快落地。

（资料来源于RFID世界网，作者：徐永红）

本章小结

物流是物联网发展的一块重要土壤，而物联网将是物流活动的重要技术支撑和平台。

本章详细介绍了物联网的概念、定义及特点，并针对最具关键的 RFID 技术，从应用角度进行了深度阐述。

🔍 小资料

二维码在物流自动分拣中的应用

二维码作为一种目前非常流行的信息载体，在许多行业得到了广泛的应用。而二维码自身的特点也决定了其非常适合应用在物流领域。本文介绍了一种基于二维码的物流自动分拣控制系统的实现方案，给出了整个系统的设计思路，并详细介绍了核心部分上位机控制软件的设计和实现。

目前，国内第三方物流配送中心对物品的分拣大多还是采用传统的人工分拣，这样做不仅成本高、效率低、出错率高，而且由于员工素质参差不齐，还会引发许多人们不希望看到的事情。例如，经常有新闻报道的暴力分拣现象，一些员工为了节约时间就采取非常野蛮的方式对物品进行分拣，许多客户的邮寄物品因此而受到严重损坏，从而引发许多纠纷。

因此，将一套自动化的分拣系统应用在物流分拣环节上是十分必要的。在我国已有许多这方面的研究。例如，许多物流公司已经将一维条码应用在整个物流信息化系统中，一维条码的应用确实优化了许多流程，提高了效率，但是一维条码本身有存储容量小、识别方向性强等缺陷，无法进一步优化整个流程；还有将 RFID 技术应用在物流系统中，不可否认，RFID 具有识别速度快、储存容量大、保密性强等优点，这些特点看似非常适合应用在物流分拣中，但是 RFID 标签成本高，标签损坏就无法识别，而且在复杂的金属环境中识别易受影响，这些缺点制约了其推广。

二维码具有储存量大、保密性高、追踪性高、抗损性强、360 度可识别、成本低等特性，这些特性决定了它非常适合应用于物流行业。因此，本文设计了一种基于二维码的物流自动分拣控制系统，不仅克服了一维条码储存容量小、识别方向性强的缺点，同时也避免了 RFID 技术高成本、对环境要求高的问题。

一、总体设计

1. 各部分功能

（1）二维码：根据二维码存储信息量大的特点，在二维码中加入一组用于分拣依据的分拣号。分拣号代表的是包裹要发往的目的地址信息。分拣号是本系统的分拣依据，是二维码和自动分拣系统结合的桥梁。

（2）二维码扫描模块：二维码扫描模块负责实现对二维码包含信息的读取，以及将读取的信息传递给上位机。

（3）上位机：上位机是实现控制功能的核心，其主要功能是实现对接收到的信息过滤分析，根据得到分拣号，分析判断出包裹发往的目的地，发送控制相对应分拣口的控制信号给下位机。它还包括一些附加功能，例如将得到的扫描信息录入数据库等。

（4）下位机：下位机可以是 PLC、arm 等微控制器，它负责根据上位机发送来的控制信号，结合 can 总线或其他工业网络通信机制，来控制分拣机的分拣运行。

（5）分拣机：对包裹进行分拣的机械实体，大致由传送轨道、分拣摆臂等部分组成。

2. 控制流程

包裹到达配送中心后，将其从分拣机传送带的始端放入，当其经过二维码扫描装置时，二维码扫描器读取包裹上的二维码包含的信息，将其发送至上位机，上位机将收到的信息过滤，得到分拣号，根据分拣号的编码规则，分析出包裹要发往的目的地，然后发送相应控制信号给下位机，下位机根据上位机发送来的控制信号，控制相应的分拣格口产生分拣动作。

二、上位机设计

上位机采用 Delphi 7 开发环境设计。Delphi 是由 Borland 公司推出的 Windows 平台下的可视化编程环境，采用面向对象的编程语言 Object Pascal 和基于部件的开发结构框架。

上位机是整个自动分拣控制系统的核心。

（1）启动：该部分主要实现启动分拣机以及通信接口的打开。通信接口采用串口通信的方式，其中 Com1 与二维码扫描模块通信，接收信息。Com2 与下位机通信，用来传递控制信号。

（2）系统设置：系统设置主要分为两个部分。目前物流公司的经营模式主要为：在每个大区（通常以省划分）设有一个分拨中心总部，其余各市设有二级分拨中心，因此，要设置分拣中心的等级，不同等级分拣中心分拣策略不同。位置信息的设置是为了明确分拣中心所在地，作为分拣时的一个依据。

（3）权限设置：权限设置主要是对系统的用户信息进行管理，包括用户名、密码、权限等级的设置、更改、删除等。

（4）数据库：根据功能需求，需要将扫描后的包裹信息录入数据库。

（5）关闭：停止分拣机的运行，关闭通信接口。

三、结语

在我国，目前大部分物流公司对物品的分拣还是粗放式的人工分拣，本文提供的基于二维码的物流自动分拣控制系统方案，具有分拣可靠性强、效率高、成本低等优点，核心部分上位机控制软件采用 Delphi 开发，具有良好的扩展性和简洁的界面，非常适合国内物流公司。

（资料来源：《数字技术与应用》，2013 年第 12 期，作者：王瑞尧，王亦然）

实训练习

1. 解释下列术语

物联网 射频识别技术 无线传感网 嵌入式技术

2. 简答题

（1）简述物联网的概念。

（2）物联网有哪些特点？

（3）简述分布式管理系统。

（4）简述纳米与微机电系统。

3. 拓展思考

通过本章的学习，你认为在从事物流管理过程中需要了解和掌握哪些有关物联网技术方面的知识？

参考文献

[1] 唐四元, 等. 现代物流技术与装备 [M]. 北京: 清华大学出版社, 2011.
[2] 林丽华, 刘占峰, 田瑞. 物流工程 [M]. 北京: 北京大学出版社, 2009.
[3] 伊俊敏. 物流工程 [M]. 北京: 电子工业出版社, 2009.
[4] 张理, 孙春华. 现代物流学概论 [M]. 北京: 中国水利水电出版社, 2009.
[5] 程国全, 王转, 张庆华, 等. 物流技术与装备 [M]. 北京: 高等教育出版社, 2008.
[6] 刘源, 李庆民. 现代物流技术与装备 [M]. 北京: 中国财富出版社, 2009.
[7] 王丰, 等. 现代物流装备 [M]. 北京: 首都经济贸易大学出版社, 2016.
[8] 谢雪梅, 等. 物流设施设备 [M]. 北京: 北京理工大学出版社, 2010.
[9] 王转, 张庆华, 鲍新中. 物流学 [M]. 北京: 中国物资出版社, 2008.
[10] 刘延新, 何爱民. 物流设施与设备 [M]. 北京: 高等教育出版社, 2015.
[11] 王丰, 姜大立. 物流工程概论 [M]. 北京: 首都经济贸易大学出版社, 2008.
[12] 李平. 物流工程技术与应用 [M]. 北京: 知识产权出版社, 2013.
[13] 叶怀珍. 物流工程学 [M]. 北京: 机械工业出版社, 2008.
[14] 朱占峰. 物流工程导论 [M]. 北京: 人民邮电出版社, 2016.
[15] 傅莉萍. 物流工程实务 [M]. 北京: 清华大学出版社, 2016.
[16] 郭彦峰. 包装物流技术 [M]. 2版. 北京: 文化发展出版社, 2013.
[17] 鲁晓春. 现代物流基础设施与设备 [M]. 北京: 中国财富出版社, 2006.